加藤和彦 著
Kazuhiko KATO

IoT時代の
プラットフォーム競争戦略

ネットワーク効果のレバレッジ

中央経済社

まえがき

　「温故知新」という諺がある。昔のことをよく学び，そこから新しい知識や道理を得るという意味である。本書は，マウスイヤーとも言われるIT業界を対象とし，技術の進歩によって過去のものとなろうとしているオンプレミス環境でのプラットフォーム製品戦略の事例を分析することで，そこで得られた知見を今後発展が予想される新たなプラットフォーム製品分野に拡張する指針を導くことを，狙いとしている。本書の中で展開する分析や仮説的推論により得られるインプリケーションは，ネットワーク・コンピューティング時代のクラウドや，さらに今後も進化が見込まれるIoTの時代におけるコネクティド・カーやウェアラブル・コンピュータ，スマートフォンやネットビジネス等のさまざまなプラットフォーム製品戦略の中でも活かされることが予想できる。

　本書は以下のような読者を対象としている。

① プラットフォーム製品に携わる戦略企画担当者
② プラットフォーム製品を学術的探究の対象としている研究者
③ プラットフォーム製品をベースとした経営戦略を学ぶ学部学生・大学院生

　企業内の戦略企画担当者には，本書で展開する分析フレームの吟味，そして得られた実践的インプリケーションをベースに，それぞれのプラットフォーム製品分野に応用することで，戦略策定の一助となることを願っている。また，研究者には，プラットフォーム製品戦略の先行研究のひとつとして，末席に加えていただければ幸いである。そして，経営戦略を学ぶ学部生・大学院生には，ITやウェブ戦略の基礎的な用語や，プラットフォーム製品の戦略策定を身近に感じ，そのダイナミズムや楽しさを理解する機会となれば大変嬉しく思う。

2016年1月

加藤　和彦

本書の読み方

　本書は，OSやコンピュータ業界の歴史，プラットフォームの定義等に触れたあと，先行研究レビューから得られたドミナント化のモデルを確認するかたちで，JavaとVMwareの分析からさらなる戦略上の示唆を導出し，論及している。読み進んでいく中の囲みのコラムにて，初学者向けに25個の「**キーワード**」をピックアップし，やや難解と思われる用語の概要をできるだけわかりやすく説明した。また，より深く理解していただきたい項目は，6個の「**解説**」によって掘り下げた説明を試みた。そして，最も重要である本書で得られた知見を，他の「プラットフォーム製品」関連分野に，実践的に応用していくための6個の「**インプリケーション**」を提示した。

　本書は，以下のような「プラットフォーム製品」関連のビジネスに携わる，またはこれから携わりたいと考えている方に読んでいただきたい。以下の分野の戦略策定において，本書で示唆する知見が役立てられることを願っている。

オークションサイト，コンテンツ配信サービス，電子書籍，検索エンジン，SNS，情報（旅行・仕事・お見合い・不動産）マッチングサイト，EC，ビデオゲーム，ポータブルゲーム，オンラインゲーム，クラウドファンディング，クラウドソーシング

クレジットカード，ポイントカード（含む　電子マネー）

コンピュータ（PC・タブレットPC・スマートフォン），クラウド・コンピューティング

ウェアラブル・コンピュータ，コネクテッド・カー，業務支援ロボット，ドローン，スマートアグリ，その他，インターネットとつなぐことが事業の中核を成す可能性を持つビジネス

目　次

まえがき　i

序　章　プラットフォーム競争戦略の探究

第 1 節　プラットフォーム製品戦略研究の動機と関心 ………… 1
第 2 節　論旨の展開 ………………………………………………… 2

第 1 章　プラットフォーム製品戦略の黎明

第 1 節　コンピュータ・ソフトウェアの階層化の
　　　　時系列整理 ……………………………………………… 10
　◆プログラムの起源とコンピュータ　11
　◆プログラミング言語の発達ならびにOSの誕生　14
　◆コンピュータ・ソフトウェア産業の創生と産業構造　18
　◆時系列整理のまとめ　21
第 2 節　プラットフォームの定義 ……………………………… 22
　◆基盤機能とメディア機能　25
　◆基盤機能とメディア機能の統合　26
第 3 節　プラットフォーム製品戦略における
　　　　階層化の概念 ……………………………………………… 27
　◆上位下位階層の特徴　27

第 2 章　プラットフォーム製品戦略の先行研究レビュ

第 1 節　先行研究の概要 ………………………………………… 35
第 2 節　課題の所在 ……………………………………………… 38

第3章　プラットフォーム製品のドミナント化要因

第1節　階層間ネットワーク効果の効用力 …………………… 41
◆開発業者とユーザーのネットワーク効果の因果ループ　42
◆販売チャネルにとってのメリット　45
第2節　ブリッジングの影響力 ……………………………… 46
◆階層間の入れ子対応関係　46
第3節　プラットフォーム製品排除に対する抵抗力 ………… 48
◆プラットフォーム包囲攻撃に対する反撃と防御　50

第4章　後発プラットフォーム製品提供者の操作項目

第1節　アクセス可能ユーザー数の増加 …………………… 53
第2節　マルチホーミングコストの低減 …………………… 54
第3節　隣接対象プラットフォーム製品の多数選定 ……… 54
第4節　持続的収益確保モデルの遂行 …………………… 56

第5章　推論によるドミナント化モデルの提示

第1節　後発プラットフォーム製品のドミナント化の仮説的推論 ……………………………………………… 60
◆プラットフォーム製品におけるドミナント化の可能性とドミナント化要因の仮説　60
◆後発プラットフォーム製品におけるドミナント化要因と操作項目の仮説　60
第2節　ドミナント化のモデル ……………………………… 62

第6章　階層介入戦略と位置付け

第1節　階層介入戦略の位置付け ……………………………… 66
- ◆階層介入型プラットフォーム製品の定義　66
- ◆競合関係と補完関係での比較　66
- ◆補完関係における先発・後発での比較　67
- ◆プラットフォーム製品統合とプラットフォーム製品バンドルと階層介入戦略の比較　68
- ◆戦略の位置付けのまとめ　71

第2節　階層介入とその効果 ……………………………………… 75
- ◆アクセス可能ユーザーの流動性の高まり　77
- ◆同一レベル階層のコモディティ化の促進　78
- ◆上下階層間の相互インターフェイスの制御　80
- ◆階層介入効果のまとめ　82

第7章　階層介入の事例研究

第1節　Java事例の考察 ………………………………………… 86
- ◆Javaとは　88
- ◆Java事例採用の理由　117
- ◆Javaにおける操作項目の事例整理　120
- ◆Java介入による階層間関係とポジションの変化　123

第2節　VMware事例の考察 ……………………………………… 127
- ◆VMwareとは　128
- ◆VMware事例採用の理由　147
- ◆VMwareにおける操作項目の事例整理　147
- ◆VMware介入による階層間関係とポジションの変化　150

第3節　操作項目における両事例の整理 ……………………… 153

　　　　◆共通点　154
　　　　◆相違点　154

第8章　事例から導かれた新たな効果や現象

第1節　戦略上の示唆の導出 …………………………………… 169
　　　　◆仮説3－1：コモディティ化の誘発　170
　　　　◆仮説3－2：延命の助長　172
　　　　◆仮説3－3：包囲されにくい防衛策　172
　　　　◆仮説3－4：バンドルの分断　173
　　　　◆仮説3－5と仮説3－6：普及と収益のトレードオフ　174
第2節　戦略の示唆 ………………………………………………… 174

終　章　階層介入戦略の新たな分野への知見

第1節　ビジネス機会とドミナント化 ………………………… 179
第2節　階層介入戦略の適用可能性 …………………………… 180
第3節　日本のソフトウェア産業とドミナント化の機会 …… 185

あとがき　189
参考文献　190
索　　引　195

図表一覧

図 1 − 1	上位・下位階層間の非対称依存特性／28	
図 3 − 1	開発者とユーザーのネットワーク効果の因果ループ／44	
図 3 − 2	階層間入れ子関係／47	
図 3 − 3	プラットフォーム製品バンドル／49	
図 5 − 1	後発プラットフォーム製品におけるドミナント化のモデル／63	
表 6 − 1	階層関係視点での分類／67	
表 6 − 2	補完関係のプラットフォーム製品の分類／67	
図 6 − 1	同一レベル階層でのプラットフォーム製品統合／68	
コラム図 1	クロスプラットフォーム化／69	
図 6 − 2	ユーザー・グループの観点からのプラットフォーム包囲／71	
コラム図 2	ツーサイド・プラットフォーム／73	
コラム表 1	ツーサイド・プラットフォームのユーザー・グループ／73	
表 6 − 3	統合・バンドル・介入の分類／74	
図 6 − 3	階層の介入／75	
図 6 − 4	アクセス可能ユーザーの流動性／77	
図 6 − 5	同一レベル階層でのコモディティ化／78	
図 6 − 6	上下階層のインターフェイスの制御／81	
表 6 − 4	階層介入の機能・効果・想定される現象／82	
図 7 − 1	Javaによるクロスプラットフォーム／90	
図 7 − 2	Javaアプレットの起動するしくみ／90	
表 7 − 1	主要補完業者（ISVs・SIer）との提携／93	
表 7 − 2	主要補完業者（チップベンダー・通信機器ベンダー・情報家電メーカー・スマートカードベンダー）との提携／93	
図 7 − 3	オープン・スタンダードの陣営形成／106	
図 7 − 4	Javaに関するサン社，IBM社などの補完業者，マイクロソフト社の意図・行為・結果／111	
コラム図 3	起業創出システム／119	
図 7 − 5	Javaによる階層介入図／123	
表 7 − 3	Javaにおける介入前後の変化／124	
図 7 − 6	ホストOS型仮想化階層図／135	
図 7 − 7	ハイパーバイザー型仮想化階層図／136	
図 7 − 8	Windows Server 2008 x64でのHyper-Vの仮想化階層図／143	
図 7 − 9	VMwareによる階層介入図／150	
表 7 − 4	VMware階層介入前後の変化／152	
コラム図 4	家族間無料通話の例／155	
表 8 − 1	両事例での戦略上の示唆／175	

コラム目次

キーワード
1. OS／19
2. IBM 社と System／360／21
3. 階層化の概念／30
4. オープン・アーキテクチャ戦略／37
5. プラットフォーム・リーダーシップ／37
6. 先発優位・後発優位／39
7. オープンソース／39
8. チキン・エッグ問題／43
9. ネットワーク効果／47
10. オープンとクローズド／49
11. クリティカルマス／51
12. アクセス可能ユーザー／55
13. マルチホーミングコスト／55
14. 収益モデル／56
15. 仮説的推論／61
16. ドミナント／63
17. サイド内・サイド間ネットワーク効果／75
18. エコシステム／83
19. IoT／87
20. WORA／95
21. コネクテッド・カー／99
22. サーバー仮想化／131
23. クラウド・コンピューティング／141
24. ウェアラブル・コンピュータ／181
25. ユニファイド・コミュニケーション／187

解説
1. プラットフォーム製品戦略／11
2. プラットフォーム包囲／51
3. クロスプラットフォーム化／69
4. シリコンバレーと起業創出システム／118
5. 技術経営とスタートアップ／133
6. アクセス価値の重要性／155

インプリケーション
1. 収益モデルの構築／57
2. ツーサイド・プラットフォーム戦略の実践／72
3. ドミナント化とコモディティ化のコントロール／79
4. ネットワーク効果と意図せざる結果／126
5. 階層介入とプランニング／176
6. IoT 時代のプラットフォーム競争戦略／183

序　章

プラットフォーム競争戦略の探究

第1節　プラットフォーム製品戦略研究の動機と関心

　企業における事業戦略とIT戦略の統合分野が，自身の研究領域である。具体的には，開発基盤としてのOS（オペレーション・システム）などのソフトウェア拡販戦略に関しての探究に興味がある。自分自身が米国シリコンバレー発の国際的なIT企業であるサン・マイクロシステムズ（以下，サン社）や，シスコシステムズのマーケティング職に携わり，そのテクノロジーに身近に接したことが研究の動機となっている。

　国際的な普及を成功させているソフトウェアは，そのアーキテクチャ（設計思想）に何らかの優位性が存在していると考えていたが，研究を進めるうちに，そこにはプラットフォーム・リーダーの補完業者に対する巧みな誘引戦略や，階層間でのネットワーク効果（外部性）の活用によるプラットフォーム（以降PFと記すことがある）製品の拡販戦略があることが理解できる。

　世界的な普及を果たすソフトウェアが出現して20年余り，未だ体系的な理論化がなされていない分野であるコンピュータ・ソフトウェア製品の普及戦略において，特に介入ソフトウェア製品（上位もしくは下位階層のプラットフォーム製品の種類に縛られないオープン性を持つプラットフォーム製品）の普及に関する戦略に，大きな関心を持つに至る。

　ソフトウェア産業ならびにネットワーク・コンピューティング業界において

は，米国や欧州企業がそのビジネスのイニシアティヴを占有している。日本は元来，半導体や自動車や電機などの「ものつくり」を強みとして，国際市場の中でそのプレゼンスを示してきた。しかし残念ながらパッケージ・ソフトウェアやサービスの国際的市場では，アップル，マイクロソフト社，オラクル，SAP，グーグル，ヤフー，アマゾンなど外国勢の独断場である。例えば，マイクロソフト社をはじめ，オラクルやSAPのような業務用パッケージ・ソフトウェア，またアップルやグーグルなどのスマートフォン携帯端末に関連するソフトウェア，アマゾンの電子書籍の台頭がある。

これに対し，日本企業は，未だソフトウェア受託開発の労働集約型ビジネスの価格競争に汲々としている。また，日本発のイノベーションともてはやされたi-modeも，今ではガラパゴスと称される独自サービスの失敗例として扱われている現状である。本研究には，ソフトウェア・プラットフォーム製品戦略の探究が，日本のソフトウェア産業の国際的競争力を高め，グローバル規模のイノベーションを誘発できる戦略の策定ならびに，学術的貢献の一部を担うことができればとの思いがある。今後の日本のソフトウェア業界の国際的な競争力を高めるため，ソフトウェアやサービスのプラットフォーム製品戦略を探究することに大きな意義があると考える。

第2節　論旨の展開

以下，本書の論旨の展開である。

本書で論じるドミナント・プラットフォーム製品とは，ソフトウェア・レイヤースタック（Layer Stack：積層）内において，稼動台数で他に大きな差をつけ，強い市場支配力を持つ，階層ごとに存在し得る1つのプラットフォーム製品のことと定義する。

サーバー市場を見ると，市場の誕生期に基盤となる先発のプラットフォーム製品が存在し，そのプラットフォーム製品の上位階層に多くの後発プラットフォーム製品が補完製品として乱立し，市場が成長していくとともに先発プラッ

トフォーム製品がドミナントの地位を築いていく傾向が強い。しかし本書では，レイヤースタック内で一度形成されたドミナント・プラットフォーム製品の支配力が，後から参入してくる階層（ならびにプラットフォーム製品）によって削がれ，補完的な後発プラットフォーム製品へのドミナントの移行を誘発するというメカニズムを仮説提起する。言い換えれば，先発だけでなく後発のプラットフォーム製品もドミナント・プラットフォーム製品になり得るのか。また後発プラットフォーム製品の一種である階層介入型プラットフォーム製品にはドミナント化に関して，どのような戦略上の示唆があるのか，という問題意識を始点としている。

階層構造化が進んだコンピュータ・ソフトウェア市場では，ソフトウェアのレイヤースタックが形成されている。プラットフォーム製品提供者が提供するソフトウェアは，ユーザーが使う製品全体の一階層に位置しながら，他の階層にあるプラットフォーム製品と補完関係を持ちながら機能し，完成品において，レイヤースタック内の一部を担っている。レイヤースタック内では，プラットフォーム製品提供者は，他の補完製品提供者と共存しながらも，その優位なポジションをめぐって熾烈な駆け引きを行っている。

その狙いは，プラットフォーム製品が，ドミナントとなることで，価格コントロール力や，業界団体や業界標準化プロセスでの発言力，ならびに販売パートナーへの影響力を強化することなどにある。

これまでの先行研究の貢献点としては，プラットフォーム製品の普及に関するネットワーク効果に関して，大量かつ広範囲の研究蓄積がある。しかし，戦略の成否に関する研究では，市場における同一レベル階層での競合関係にあるプラットフォーム製品間の先発優位や後発優位に関する研究が比較的主である。加えて，先発プラットフォーム製品がドミナントの地位を築いていく傾向が強いなか，階層介入型プラットフォーム製品を含む補完的な後発プラットフォーム製品の，形勢を逆転させるような研究は十分にされていないと思われる。また，階層介入型プラットフォーム製品の，ドミナント化のメカニズムに関して詳述する論文も十分とはいえない。

よって，本書でははじめに先行研究レビューにより，補完的な後発プラットフォーム製品の，ドミナント化のメカニズムの仮説的推論を行う。その上で，JavaとVMwareの事例を確認することにより，補完的な後発プラットフォーム製品の一種である階層介入型プラットフォーム製品の，戦略上の知見を導出するという方法をとる。このような方法論を選択する理由は，事例対象が極めて少ないという制約のなか，個々の事例の詳細な分析[1]を行い，可能な限り蓋然性のある仮説を推論する仮説構築型の論文手法をとることで，理論的かつ実践的なインプリケーションを導出するのが適していると思われるからである。

先行研究レビューにより，ドミナント化要因の仮説的推論を行い，プラットフォーム製品のドミナント化要因として，要因A：階層間ネットワーク効果の効用力，要因B：ブリッジングの影響力，要因C：プラットフォーム製品排除に対する抵抗力，の3つを提起する。

また，後発プラットフォーム製品提供者の操作項目として，操作項目①：アクセス可能ユーザー数の増加，操作項目②：マルチホーミングコストの低減，操作項目③：隣接対象プラットフォーム製品の多数選定，操作項目④：持続的収益確保モデルの遂行を抽出し，後発プラットフォーム製品のドミナント化要因との関係を仮説として提起する。仮説中の（＋）は促進，（－）は抑制を示す。

○プラットフォーム製品のドミナント化とドミナント化要因における仮説
　　仮説1－1：要因A・要因B・要因Cは，プラットフォーム製品のドミナント化要因となる
　　仮説1－2：仮説1－1を前提として，要因A・要因B・要因Cの3つの要因が，それぞれ高く（＋）なる場合にドミナント化の可能性が高まる（＋）

○後発プラットフォーム製品のドミナント化要因と後発プラットフォーム製品提供者の操作項目における仮説

　仮説2－1：後発プラットフォーム製品のドミナント化において，項目①の促進（＋）が要因Aを高める（＋）

　仮説2－2：後発プラットフォーム製品のドミナント化において，項目②の促進（＋）が要因Aを高める（＋）

　仮説2－3：後発プラットフォーム製品のドミナント化において，項目③の促進（＋）が要因Bを高める（＋）

　仮説2－4：後発プラットフォーム製品のドミナント化において，項目④の促進（＋）が要因Cを高める（＋）

階層介入戦略は，隣接する2つの階層間に全く新たなプラットフォーム製品として後から介入する。後から介入するためには，上位層もしくは下位層に対し，オープンなインターフェイスを保持することが必要である。仮に上位層にも下位層に対しても，オープンなインターフェイスがない場合，後からの介入は困難になる。また，階層介入型ではない後発プラットフォーム製品の参入では，総階層数の変化がないのに対して，階層の介入では論理上の総階層数はレイヤースタック内で増加することが特徴である。

よって，階層介入型プラットフォーム製品は，以下のような特徴を持つ。

① （OSなどの先発プラットフォーム製品に対し）後発プラットフォーム製品である。

② 階層を形成する最初のプラットフォーム製品である。（レイヤースタック内の総階層数は増える。）

③ オープンなインターフェイスを持ち，上下いずれかの隣接階層に複数のプラットフォーム製品を保持し得る。

レイヤースタックの階層間に「介入(Intervention)」し，「橋渡し(Bridging)」を行う機能は，既存の階層間関係やプラットフォーム製品間関係を，変化させ

てしまう可能性を持つ。介入による影響は，各階層のプラットフォーム製品が保有するアクセス可能ユーザーの流動性を高め，同一レベル階層での各プラットフォーム製品の選択必然性を弱める。アクセス可能ユーザーの流動性の高まりは，相互接続で増加するアクセス可能ユーザーが，必ずしも自社プラットフォーム製品の使用に結びつかない可能性につながる。よって，自社以外の隣接プラットフォーム製品に，ユーザーの多くを横取りされ，結果として他プラットフォーム製品が選択されてしまうことが起こり得る。また，このプラットフォーム製品の選択必然性の弱まりは，同一階層レベルでの各プラットフォーム製品のコモディティ化を誘発する。加えて，介入以前の上下階層をセットにした垂直統合の収益モデルを変化させる可能性が生じる。

　次に，ドミナント化のメカニズムを，階層介入型プラットフォーム製品のケースで具体的に理解すること，ならびに階層介入型プラットフォーム製品特有の新たな戦略上の仮説の導出を企図し，JavaとVMwareの2つの事例研究を行った。Javaの事例とVMwareの事例の操作項目の観点での確認ならびに分析から，導出される階層介入型プラットフォーム製品特有の戦略に関する仮説は以下である。ちなみに仮説3－1は項目①から，仮説3－2は項目②から，仮説3－3と仮説3－4は項目③から，仮説3－5と仮説3－6は項目④から導出された。仮説中の（＋）は促進，（－）は抑制を示す。

○階層介入型プラットフォーム製品の戦略上の効果（具体的には「既存（先発）の隣接プラットフォームの支配力を介入によって減じる効果」）における仮説

　　仮説3－1：階層介入型プラットフォーム製品は，非階層介入型プラットフォーム製品と比較して，隣接（n，n＋2）階層のプラットフォーム製品のコモディティ化を誘発しやすい

　　仮説3－2：階層介入型プラットフォーム製品は，非階層介入型プラットフォーム製品と比較して，既存の隣接（n，n＋2）階層のプラットフォーム製品のレイヤースタック内での延命を助長しや

すい

仮説3－3：階層介入型プラットフォーム製品は，非階層介入型プラットフォーム製品と比較して，プラットフォーム包囲に対して，それ自体が包囲されにくい防衛的役割を持ちやすい

仮説3－4：階層介入型プラットフォーム製品は，非階層介入型プラットフォーム製品と比較して，上下階層セットの垂直統合やバンドルを分断し，既存の隣接プラットフォーム製品の収益モデルにダメージを与えやすい

○階層介入型プラットフォーム製品の戦略上の課題（具体的には「階層介入型プラットフォーム製品の普及と収益確保のトレードオフに関する課題」）における仮説

仮説3－5：階層介入型プラットフォーム製品は普及を優先する（＋）と提供者の収益確保が困難となる（－）

仮説3－6：階層介入型プラットフォーム製品は提供者の収益確保を優先する（＋）と普及が困難となる（－）

● 注
1　各事例の詳細情報は，アナリスト・カンファレンス等の公開資料，アニュアル・レポート等の情報ならびにアナリストによるCEO等とのインタビュー記事より得ている。

第1章

プラットフォーム製品戦略の黎明

　プラットフォーム製品戦略は，近年，経営戦略の1つとして注目されてきた。その理由は，NTTドコモのi-modeや楽天などのビジネスの隆盛により，それに関する学術的な研究が行われ始めたためである。

　例えば，PCやゲーム機，クレジットカードやオークションサイトなどの戦略は，プラットフォーム製品提供者が補完業者を誘引することによってエコシステムを成長させプラットフォーム製品の拡販を目指す共通点がある。

　本章では，「プラットフォーム製品戦略の黎明」と題して，本書の議論の前段階とでもいうべき，コンピュータ・ソフトウェアの階層化の時系列整理，プラットフォームの定義，プラットフォーム製品戦略における階層概念について論じる。

　第1節では，はじめにコンピュータ・ソフトウェアの階層化の時系列整理を行う。今日でこそコンピュータは生活にも業務にも標準的に使われているが，現在のようなソフトウェアの階層構造を形成するまでの起源と変遷に関してまとめてみたい。プログラムの誕生からプログラム内蔵型コンピュータの誕生，そしてプログラミング言語の発達ならびにOSの誕生へとつながり，プログラム技術の進歩とアセンブリ言語や高級言語としてのFORTRANとCOBOLについて説明する。やがてOSがIBM社のOS/360の発売が現在のOSの誕生の契機となり，コンピュータ・ソフトウェア産業の創生とソフトウェア・ビジネスの誕生に伴って，産業構造変化へとつながっていく経過を説明する。その上で，コンピュータ・ソフトウェアが，OSの誕生ならびにコンピュータ・ソフトウ

ェア産業の水平型構造の発展とともに，階層化してきた歴史を整理する。

第2節では，プラットフォームの定義について論じる。根来・加藤（2010）の製品・サービスにおけるプラットフォーム研究の2つの流れと，基盤機能とメディア機能を統合する定義を論じる。

第3節は　プラットフォーム製品戦略における階層概念について，上位下位階層の特徴や相互依存性と一方向依存性の概念，モジュール化との違いや階層化による下部隠蔽の役割について論じる。そこでは本書の全体を通じて議論されるプラットフォーム製品戦略では，上位下位階層の考え方，ならびに相互依存性と一方向依存性の違いがプラットフォーム戦品戦略上の重要な概念となる。

第1節　コンピュータ・ソフトウェアの階層化の時系列整理

誕生から半世紀あまり，コンピュータは今日まで金融，製造，流通，運輸，公共，医療，教育，軍需などさまざまな産業で大きな役割を担ってきた。そしてこれらの産業の発展に大きく貢献したものに，プログラム言語をはじめとするOS，アプリケーションなどのソフトウェアがある。

本節ではコンピュータ・ソフトウェア階層化の時系列整理を行う。具体的には，コンピュータ・ソフトウェアが，OSの誕生ならびにコンピュータ・ソフトウェア産業の水平型構造の発展とともに，階層化してきた歴史を整理する。

コンピュータ・ソフトウェアは階層化されることにより，1つもしくは複数の階層の機能に該当するソフトウェア製品を提供するプラットフォーム提供企業によって，階層を梃子（Leverage）にした企業戦略が遂行されてきた歴史がある。例えば階層化されたソフトウェアにおいて，ソフトウェアを提供する企業の施策は，競合他社に対していかに自社の優位を獲得するかという戦略に置き換えられる。そこではネットワーク効果を導き出し，プラットフォーム製品上での補完業者・補完製品の獲得と創出を促すメカニズムを誘引する階層施策が，企業戦略としての重要な意味を持つ。

本節では，まずソフトウェアの階層化のプロセスとして，コンピュータの歴

COMMENTARY

解説1　プラットフォーム製品戦略

　プラットフォーム製品戦略とは，そのプラットフォーム製品向けの補完製品やサービスの提供が促されるような施策を，プラットフォーム製品の提供者が遂行することで，補完製品やサービスの多様性を生み出し，それに魅力を感じるユーザーのプラットフォーム製品の選択を促し，市場での普及を図る戦略を指す。例えば，OSやゲームマシンで大きなシェアの獲得に成功すれば，その上で動く補完製品としてのアプリケーション・ソフトが多数出現する。またその豊富なアプリケーションの出現によって，さらにプラットフォーム製品の普及が進むなど，両者が相互に普及を推し進める戦略が，プラットフォーム製品提供者がとる代表例である。

　こういったコンピュータやゲームに加え，SNS，検索エンジン，オークションサイト，クレジットカードなどでもプラットフォーム製品戦略の普及の原理は活用されている。

史におけるOSの誕生がもたらした階層化に関して整理を行う。次にソフトウェアの階層化に追随して起こった現象として，コンピュータ・ソフトウェア産業の勃興と産業構造の成り立ちの歴史を整理する。

◆プログラムの起源とコンピュータ

　本項にて，ソフトウェアの階層化プロセスの整理として，コンピュータの歴史におけるOSの誕生に関して整理を行う。階層化の代表的な例としてコンピュータ・ソフトウェアのプラットフォーム製品としてのOS[1]に関し，その起源を時系列的に整理する[2]。OSの誕生を説明するためにはソフトウェアの起源から説明する必要がある。そしてコンピュータにおけるソフトウェアの歴史はプログラム（計算作業手順）の起源にまで遡ることになる。

◇コンピュータにおけるプログラムの起源

　1944年，5年間の歳月を費やしてハワード・エイケン（Howard H. Aiken）の率いるハーバード大学の計算研究所とIBM社との合同チームが約3,000個の

リレー（継電器）[3]を使い電気式計算機"Harvard Mark I"を完成させる[4]。Harvard Mark I ではパンチカード（穿孔カード）によって計算手順を与えるという考えが取り入れられた[5]。

　同じ頃，米国アバディーンの陸軍試射場の弾道研究所では，真空管を使った高速計算機の研究が行われていた[6]。その主たる目的は「大砲の弾道の落下位置を，装薬量（火薬の量），砲身長，雷管の形状などの基礎データを元に計算し，弾道表を作る」ことにあった[7]。この研究ではON/OFFの2つの値を表す真空管を大量に搭載した機械が考えられていた。ペンシルバニア大学のJ. モークリ（John W. Mauchly）と，J. P. エケット（J. Presper Eckert），陸軍兵器局のH. ゴールドスタイン（Herman H. Goldstine）らは，大量の真空管を使った巨大な電子計算機を開発する[8]。開発された電子式数値統合計算機（Electronic Numerical Integrator And Calculator）は頭文字をとって"ENIAC"と呼ばれ，1946年に公開された[9]。ENIACは17,468本の真空管とコンデンサ1万個，スイッチ6,000個を用い，全長30m，総面積170㎡，重量30 tという，現在のコンピュータと比べて，とてつもなく巨大なシステムであった[10]。コンピュータの起源はこのように軍事目的から始まった。

　ENIACがそれまでの自動計算機と異なるのは，計算手順の制御方法であった。これまでの電気・計算式計算機ではパンチカードまたは穿孔テープから命令を読み取り，演習装置に送られる。この方法では，処理速度がカードやテープを送る機械的な速度に依存してしまう[11]。一方ENIACでは，演算の開始と終了の指示が，電気信号として送られるようになっていた[12]。たくさんの接点穴（ジャック）を設けた配線盤に，両端にプラグの付いたジャンパーケーブル（プログラム線）を差し込む。この「線の配列」がENIACのプログラムであった[13]。

　ENIACのプログラミング手法は一度プログラムを組めば機械的な読み取りは入力データだけとなるため，演習速度はカード送り機械の速度に依存しなくなるという利点はあるものの，再プログラムの作業は重労働であった[14]。その理由はプログラムが「ケーブルの配線」であったという点である[15]。ENIAC

でのプログラミングとは，ケーブルの配線やスイッチのON/OFFという物理的な作業そのものであった。1つの計算を行うためには，膨大な数のケーブルをつなぐ必要があり，さらに別の計算のためにはその配線をその都度差し替える必要があった[16]。当時は過去の配線を記録しておき即座に元の配線に戻すというようなプログラムの再利用性もなかった[17]。よってその問題を解決するために次に説明するプログラム内蔵型コンピュータの誕生へとつながっていく。

◇プログラム内蔵型コンピュータの誕生

　このような問題の解決に貢献した科学者が，ENIAC開発チームに途中から参加したジョン・ノイマン（John von Neumann）である[18]。ノイマンは，記憶容量を増やすことでプログラムをコンピュータ本体の中に組み込むことができると主張し，計算手順そのものを電子の記憶とすることで，プログラミングの手間の軽減とプログラムの再利用を可能にした。これが現在実用化されているほとんどすべてのコンピュータであるプログラム内蔵型[19]のコンピュータである。1944年頃からノイマンと開発チームは，EDVAC（Electric Discrete Variable Automatic Computer）と名付けたプログラム内蔵型コンピュータの開発を行い，1950年に完成させる[20]。

　しかしそれ以前の1949年，ノイマンらのアイデアを知った英ケンブリッジ大学のM. V. ウィルケス（M. V. Wilkes）らがプログラム内蔵型コンピュータであるEDSAC（Electric Delay Stored Automatic Calculator）を発表していた[21]。

　プログラム内蔵型は，現代のコンピュータにまで受け継がれている計算機の基本的な概念である。プログラム内蔵型とは「計算機に与える命令をコード（記号）で表記し，計算の対象となる数値データと同じ記憶装置上に記憶させる方式」である[22]。つまり機械式計算機で用いられていた紙テープや穿孔カードの情報，あるいはENIACのプログラム線の配列に相当する部分を，コンピュータの記憶装置，すなわちメモリ内に読み込ませ，処理手順も計算結果もすべてメモリの中に置いて処理するという仕組みである[23]。言い換えれば，それまで計算のためだけに使われてきた記憶装置にその機能を広げ，「命令」を読

み込ませようという目的である。現在使われている情報の置き場としてのメモリの概念はこのとき生まれた[24]。

　プログラム内蔵型には2つの大きな利点が考えられる。第1の利点は，命令がメモリ内にあるため，テープやカードより早く読み出せる[25]。もう1つの利点は，命令の実行順序を切り替えるということで，すでに実行された（別の場所にある）命令を瞬時に再生できるという点である[26]。

◆プログラミング言語の発達ならびにOSの誕生

　前項にて，コンピュータにおけるソフトウェアの歴史をプログラム（計算作業手順）の起源から説明してきた。本項では，ソフトウェアの階層化プロセスの整理として，コンピュータの歴史におけるOSの誕生に関して，プログラム言語の発達とOSの誕生までを時系列的に整理する[27]。

◇プログラム技術の進歩とアセンブリ言語

　プログラムをデータと同じメモリに読み込ませるプログラム内蔵式の登場によって，コンピュータは柔軟な制御が可能になり，コンピュータとそれを動かすためのプログラム技術が進歩することになる。

　EDSACでは，2進数の機械語を符号と対応させた命令体系を用い，コンピュータに行わせることを記号列として書き表せるようになった[28]。これがアセンブリ言語の原形である。

　またEDVACでは，開発陣がサブルーチン[29]のライブラリ化[30]やサブルーチンの結合というプログラミングの効率化手法を提案した。サブルーチンをライブラリとして記憶装置（メモリ）内に蓄積することで，既存の処理を再利用する効率的なプログラムを記述できた[31]。当時この手法を用いたシステムはコンパイラ[32]（compiler：翻訳者）と呼ばれた。符号を機械語に翻訳するという意味である。またサブルーチンの存在と再利用は，今日のプログラミング言語の基盤である開発環境の基礎概念を生んだ[33]。

　プログラム内蔵型の登場によって，条件分岐や繰り返し処理が可能となり，

さらにサブルーチンや浮動アドレス記法[34]によってアセンブリ言語を使ったプログラミングが容易となった[35]。これによりプログラム技術は大いに進歩することとなった。しかし，CPUの持つ2進数の基本命令に直接記号を割り当てるという形態は，機械語からアセンブリ言語になっても基本的には変わることはない。そのため，より人間が扱いやすい，人間側寄りの思考をコンピュータに抽象化した形で伝える利便性が望まれ，プログラム言語は，アセンブリ言語から高級言語と呼ばれるものに進化していくことになる[36]。

◇ **高級言語としてのFORTRANとCOBOL**

　高級言語の代表的なものとしてFORTRANがある。FORTRANが生まれる以前にも人間の言葉に近いソースコードで記述を行える言語はいくつか存在した。FORTRANは度重なる改編を経て半世紀後の現在まで受け継がれている。

　1953年，MITでJ. H. ラニングJr.（J. H. Lanning, Jr.）らが通常の数式に似た形で計算式を書けるシステムを開発した[37]。1954年，J. バッカス（John W. Backus）をはじめとするIBM社の開発チームがこれに既存の技術を注ぎ込みFORTRANの開発を始めた[38]。FORTRANは，FORmula TRANslation（数式変換）の文字を取ったもので，この名前も示すように数式をわかりやすく記述する目的のために考案された言語である[39]。

　FORTRAN登場当時の入力デバイスは穿孔カードであったが，＝による代入，四則演算，（ ）による優先順位の指定，SIN，COSといった三角関数など，一般的な数学の記述がそのまま利用可能であった[40]。FORTRANが開発された理由は，機械語あるいはアセンブリ言語など「機械寄り」の言語によるプログラミングでは，手間と経費がかかり過ぎて効率が向上できないという背景があった[41]。

　当時，機械語はもちろんアセンブリ言語同士でも互換性などは全くなく，機械が違えば作業環境は製品ごとに異なっていた。そのような状況のなか，FORTRANはFORTRANコンパイラさえ動けば，異なるコンピュータでも同じプログラムを使うことができた。いわゆる「移植性」という恩恵をもたらし

た[42]。

　もう1つの代表的な高級言語としてCOBOLが生まれた。COBOLは，Common Business Oriented Language（一般実務用言語）の略である[43]。その名が示すようにFORTRANの持つ科学プログラミングの機能では不可能な，一般事務処理のためのプログラムが簡単に書けることを目指してつくられた言語であった。

　COBOLは，英数字とファイルの扱いが得意な言語であると言われる[44]。また，書式化されたカードからの一括入力や帳票出力など，事務分野で多用される入力形式に強かった。COBOLのデータ形式は「標準データ形式」と呼ばれ，大量の定型情報を一括処理する仕組みとしてデータベースの概念と深く関わっている[45]。COBOLは，さまざまなデータ形式や複雑な入出力形態をファイルの概念に抽象化させたことで，コンピュータ技術にそれほど精通していないユーザーでもプログラムを組める恩恵をもたらした[46]。

　COBOLの登場はFORTRANによって始まったコンピュータの一般の利用を加速させることになる。「科学技術計算のFORTRAN，事務計算のCOBOL」[47]と言われるように，COBOLはそれまでは数学的な知識が不可欠であったプログラミングというものを，一般の事務に持ち込めるような，より簡易なものとすることで普及の加速をもたらした。

◇**OSの誕生とOS/360**

　アセンブリ言語で書かれたソースコードをコンパイルするには，穿孔カードの束を積んで，カードリーダーを動かし，テープを掛け替え，とオペレータは毎回同じ作業を繰り返していた[48]。この定型化された作業を効率よく進め，一連の処理を自動化しオペレータを助けるためにOSの原型となるモニタ（monitor）が1955年に開発された[49]。

　FORTRANで書かれたプログラムのコンパイル作業を自動化する目的で，1950年代後半にFortran Monitor System（FMS）と呼ばれるOSの原形が出来上がる[50]。その後FMSの概念は1962年に登場するIBM社のIBSYS[51]に受け継

がれ，1966年，IBM社のSystem/360[52]用のOSであるOS/360として結実する。このときのOS/360は，入出力サポートや処理の自動実行と制御機能を備えたOSとして確立された[53]。

OSの登場によって開発環境が整備され，FORTRAN処理系がさまざまなOSの上で動くようになるとユーザーの拡大に拍車がかかった。また，コンピュータがそれまでの一部の専門家だけが扱う難しい機械から，ごく普通の業務を行うための装置へと徐々に姿を変えていった。その後，1960年代前半にはCOBOLをはじめとするALGOL[54]，BASIC[55]，PL/I[56]など分野別のさまざまな言語が多数登場する。

OS/360の開発は，当時としては最大規模のプログラミング業務であった。1963年から66年に約5,000人・年の工数（1,000人以上のプログラマー）と，100万行以上のコード，当初予算の4倍の5億ドルが投入された[57]。1967年，OS/360は予定より丸1年遅れで完成したが，リリース後，数十個ものエラーが発生し，それを根絶するのに何年も必要であった[58]。IBM社の直面した困難の主たる原因は，当時としては野心的と言える何百ものプログラム・コンポーネントのすべてが遅れなく，互いに強調して働かねばならないものであったこと，またマルチプログラミングという，いくつかのプログラムを同時に実行できる新しい技術を開拓しなければならないことであった[59]。

IBM社のこういった経験は，ソフトウェアの開発と大きなプロジェクトを管理するには特別な努力が必要とされることを世の中に広く認知させる結果となった。

1960年代後半から70年代初めにかけて「ソフトウェア工学」という新しい分野がつくられた。これによりソフトウェア開発に関する業界内のルール，手法，ツールなどが確立されていくことになる。

その後1990年代に入りさまざまなOSが登場した。OSのメリットは階層化プラットフォーム製品として，多くのアプリケーションの開発と，その利用に貢献してきた。現在OSと呼ばれるものはWindows，Unix系，Linuxが代表的なものとして存在する[60]。

◆コンピュータ・ソフトウェア産業の創生と産業構造

　本項では，ソフトウェアの階層化に追随した現象として，コンピュータ・ソフトウェア産業の勃興と産業構造の成り立ちの歴史を整理する[61]。前項にて最初のOSとしてOS/360の誕生の経緯に触れたが，OS/360は，ソフトウェアを階層化させる要因としての位置付けに加え，ソフトウェア・ビジネスの勃興においても重要な役割を担うこととなった。

◇IBM社の動きとソフトウェア・ビジネスの誕生

　初期のコンピュータのハードウェアメーカーは，ハードから独立したソフトウェア製品でビジネスを構築する気持ちは持っていなかった。プログラミング技能も十分ではなかったし，コンピュータ・システムの大型ユーザーは皆コンピュータ・メーカーと同等，もしくはそれ以上のプログラミング技能を自社内に有していた[62]。1950年代末期から60年代初期は，今日われわれがソフトウェア製品と呼ぶものに，起業家たちは商機を見出しておらず，当時開発された製品のほとんどは，特定業界の特定機能向けのニッチなソフトだった[63]。ソフトウェア製品のビジネスは，起業家が特定のアプリケーションに標準的なユーザー機能を見出し，多数の顧客用にパッケージ化することができるようになったときに活況を呈し始めた。

　製品ビジネスを促すことになった1つの契機は，1964年以降，IBM社がSystem/360ファミリーという互換性メインフレーム・コンピュータのモデル群を発表し始めたことである[64]。各モデルでは，異なるニーズを抱えるユーザーのために，さまざまなレベルのプロセッサの処理能力やメモリ容量が用意された。この新しいコンピュータ群がきっかけとなり，IBM社や他の多くの企業が，新しいシステム・ソフトウェアやアプリケーション・ソフトウェアを開発した。この頃，前項にて触れたOSとしてのOS/360が生まれた。IBM社は，この巨大なソフトウェアをハードウェアに一体化して，一見「無料」の形で販売した[65]。

KEY WORD

キーワード1　OS

　OSはオペレーションシステム（Operation System）の略で，特定の用途につくられたソフトウェアのアプリケーションを作動させるために，ハードウェアと一体化し，コンピュータを制御する役割を果たす基本ソフトウェアである。PC（パーソナルコンピュータ）のOSで有名なものは「Windows」「MacOS」等がある。スマートフォンに採用されているOSといえば，Android端末の「Android」とiPhoneの「iOS」が圧倒的なシェアを誇る。

　あまり知られてないが，日本発のOSには坂村健氏が開発した「TRON（トロン）」というものがあり，NTTドコモのi-modeや家電，最近では2014年12月，打ち上げに成功した小惑星探査機「はやぶさ2」の制御システムにも使われている。

　OSはものつくりの核となる部分である。坂村氏は「OSを自分たちで作ることをやめることは，ものつくりをやめることと同じ」と指摘している。

　メインフレーム市場の約80％を握っていたIBM社が，ハードウェアの販売とソフトウェアサービスの販売をある程度分離するまでは，ソフトウェア製品ビジネスはあまり発展しなかった[66]。IBM社は，1968年12月にはじめてソフトウェアの一部に独自の価格を設定し，1970年代初頭にハードから独立して販売を開始すると発表した[67]。OS/360の開発を陣頭指揮したワッツ・ハンフリー（Watts S. Humphrey）によると，IBM社の経営陣が分離販売の決断を下した理由は，米国司法省が（ハードウェアとソフトウェアの）一体販売を競争阻害要因と考える恐れがあったからであるとしている[68]。当時RCA（Radio Corporation of America）社は，IBM社のソフトウェアが動く互換コンピュータの発表を計画しており，司法省は，互換機メーカーが市場で生き残るチャンスを確保したいと考えていた[69]。実際に当時のIBM社は，ソフトをハードから分離しないことによって，圧倒的に有利な立場を得ていたためである[70]。

　IBM社のソフトウェアとハードウェアの分離販売の方針は，IBM互換用ソフトウェアを開発したいと考えていた新しい世代の起業家たちの意欲を掻き立てることとなった。米国では1972年には81社[71]ものソフトウェア企業が新たに

出現した。IBM社は主にアプリケーション・ソフトを分離販売したので，ソフトウェア業界への新規参入者にとっての新しい商機はこの分野が最も多かった。

　ハジウ（2006）は「（IBM社による自社メインフレームのハードウェアとソフトウェアを）切り離し，別の産業とするアンバンドル化が進んだため，IBM社用にプログラムを提供するソフトウェア産業が成長した。その後，マシンが小型化しワークステーションやPCの開発が進むにつれ，デジタル・リサーチ，アップル，マイクロソフト社，ノベルなどの独立系ベンダーによって供給されるOSが産業のカギとなる（後略）」と指摘している。

◇**IBM System/360による産業構造変化**

　System/360は単にコンピュータのあり方のみならず，産業構造を劇的に変えていくこととなった。デザイン・ルールの劇的な変更によって独立した「モジュール」に挑戦する小さなチーム（その多くはスピンアウト）が誕生した[72]。1960年代以降にこうしたスピンアウトをはじめとする数多くのスタートアップ企業が群生し，次第にコンピュータ関連の周辺機器産業が複数のクラスターとして形成されていった。

　國領（1999）は「コンピュータ産業は「垂直囲い込み型」から「水平展開型」への経営構造の転換を最も劇的に経験した」という見方を示し，コンピュータ産業のビジネス展開が水平プラットフォーム型へ移行してきたとの考えを示している。その上で國領（1999）は，水平展開型戦略の適合する業界の必要条件として，モジュール化が可能であり，水平展開を行うニーズが高いことが挙げられると説明している。そして，そのようなニーズが高まるのは付加価値におけるソフトウェアの比重が高く，開発コストが大きいわりに開発済み製品の追加供給の変動費が低いことなどの特質を持っている場合で，（この現象は）デジタル情報技術に立脚した知識経済における典型的な知識集約型産業の特質であるとも説明している。

KEY WORD

キーワード2　IBM社とSystem/360

　System/360は，IBM社を世界的なメインフレームの巨人メーカーへと育て上げた貢献の1つと言われている。それまでのコンピュータは，主に事務処理や入出力処理用の小型機と，科学計算用の大型機に大別され，それぞれ別々の命令セットアーキテクチャで作られる専用機が普通であった。OSのようなシステムプログラムは，モデル別に個々の作り込みで開発され，モデル間の互換性はなく，アプリケーションはモデルをまたいでは再利用できなかった。しかしSystem/360は，アプリケーションを入れ替えるだけで，必要とする用途の業務にさまざまに対応できる形態をとった。「360度すべての顧客の要望に応えます」というキャッチフレーズで，360と付けられた。System/360の設計責任者は，ジーン・アムダール（Gene Amdahl）。その設計は，後のコンピュータ設計に影響を与え続け，史上最も成功したコンピュータの1つとされている。System/360シリーズの大成功により，コンピュータ事業では後発であったIBM社は，競合他社を圧倒することになる。

◆時系列整理のまとめ

　コンピュータ・ソフトウェアの階層化の時系列整理のこれまでのまとめとして以下に整理する。

　初期のコンピュータにおいて，プログラミングの再利用の観点からノイマン式コンピュータが生まれ，同時にアセンブリ言語や高級言語が誕生する。OSは，本来オペレータがあらゆる処理を行うプログラムをすべて作成し，マシン語（機械語）でプログラムを記述し，スイッチを使って入力していくという面倒な定型作業を自動化する目的から誕生した。OS階層のアプリケーション階層へのインターフェイスの公開により，連携した多くのアプリケーションが生まれ，ユーザーには選択の幅がもたらされた。同時にOSは開発環境の基盤の役割も持つことになった。このようにしてコンピュータ・ソフトウェアの階層化がOSとアプリケーションの分離という形で行われると，OSはソフトウェアにおけるプラットフォームの役目を担うこととなる。コンピュータ・ソフト

ウェアのプラットフォーム機能とは主として2つあり，1つはアプリケーションの創発を促す基盤を提供すること，そしてもう1つは下部階層を抽象化する（隠蔽する）ことである。

　一方，OSの誕生と時期を同じくしてIBM社がソフトウェアとハードウェアの分離販売を始めると，多くのスピンアウトした小規模なベンチャー企業がOSや多くのアプリケーション・ソフトウェアを開発し販売を始めた。こういったベンチャー企業の目標は，独立したモジュールに挑戦する小さなチームとして，イノベーションの質とスピードで勝負するモジュール内競争に勝つことであった。言い換えれば，もはやIBM社が行ってきたような垂直的なアーキテクチャで独自の優位性を築くことを目指すのではなく，専門化した特定の領域でのベストプレイヤーになることであった。

　このようにして，産業を構成する多くのベンチャー企業による水平展開型ビジネスの遂行は，それまでのIBM社や他のメインフレームメーカーが築いた垂直統合型の産業構造にも変化をもたらしていくこととなった。こういった産業構造の変遷は，コンピュータ・ソフトウェアの階層化に追随して起こった現象の1つとして考えられる。

第2節　プラットフォームの定義

　本節ではプラットフォームの定義について論じる。プラットフォームという用語は，日常の一般用語としては「駅などで，乗客が乗り降りする一段高くなった場所」（広辞苑）の意味として使われることが多い。一方，コンピュータでの用語は「アプリケーション・ソフトを稼動させるための基本ソフト，またはハードウェア環境」という意味で使われている。

　IT用語辞典e-Words[73]には，コンピュータ関連の用語として以下の説明がある。「プラットフォームとは，アプリケーション・ソフトを動作させる際の基盤となるOSの種類や環境，設定などのこと。WindowsやUnix，Mac OSは，それぞれ異なるプラットフォームである。また，OSにとっては，自らを動作

させる基盤となるPC/AT互換機，Macintoshなどのハードウェアの種類がプラットフォームである。アプリケーション・ソフトにせよOSにせよ，対応しているプラットフォームはあらかじめ決まっており，それ以外のプラットフォームでは動作しない。例えば，Mac OSプラットフォーム上で動作する文書作成ソフトは，Windowsを搭載したパソコンでは動作しない。ただ，複数のプラットフォームに対応するために，「Macintosh用」「Windows用」などのように，それぞれのプラットフォームに対応した同じアプリケーション・ソフトを用意することはある」。

　上記のコンピュータ用語から派生して，経営学の文献では，製品の構造を階層的に捉えて表現する場合や，それに対応した産業構造の階層性を前提にして，ある条件を満たす階層（部分）をプラットフォームと呼んでいる。

　例えば出口（1996）は「階層的に捉えることの出来る産業や商品において，上位構造を規定する下位構造（基盤）」という意味でプラットフォームという言葉を使用している。同様に，竹田・國領（1996）は，以下のように述べている。「産業や商品は，しばしば階層的に捉えることができる。例えば，パソコンは，ハードウェア，OS，アプリケーション・ソフトといった異なる階層の商品が組み合わさることによって機能を果たす。通信販売会社は，電話会社，運送会社，クレジットカード会社などのサービスを基盤として，消費者に対し統合的なサービスを提供している。プラットフォームという用語は，このように階層的に捉えることの出来る産業や商品において，上位構造を規定する下位構造（基盤）」を意味する。

　プラットフォームを製品構造の議論の文脈ではなく，ある業種・業態を指す言葉として使っている例もある。プラットフォームを「プラットフォーム・ビジネス」として理解する立場である。今井・國領（1994），國領（1995），根来・木村（1999）などである。今井・國領（1994）によると，プラットフォーム・ビジネスとは「誰もが明確な条件で提供を受けられる商品やサービスの供給を通じて，第三者間の取引を活性化させたり，新しいビジネスを起こす基盤を提供する役割を私的なビジネスとして行っている存在」である[74]。根来・木

村 (1999) は，「インターネットコマースにおける介在型プラットフォーム・ビジネス」を取り上げ，プラットフォーム・ビジネスを「第3者間のコミュニケーションに介在し，インターネットコマースを活性化させる私的ビジネス」と定義している。

以下に挙げるいくつかのプラットフォームの定義は，コンピュータ・ソフトウェアのプラットフォームに限定されたものだけではなく，コンピュータ・ソフトウェアを含むプラットフォームの広義の定義である。また定義される際のコンテクストも一様でないが，「参加者の創発を促す基盤」という意味を共通に持つと考えられる。

國領 (1999) は「プラットフォームとは，第三者間の相互作用を促す基盤を提供するような財やサービスのことであり，それを民間のビジネスとして提供しているのが，プラットフォーム・ビジネスである」と主張している。一方，イアンシティ・レビーン (2007) はプラットフォームとは「エコシステムのメンバーがアクセスポイントやインターフェイスを介して利用可能となる，一連のソリューションである」と定義している。Cusumano (2004) は，プラットフォームという言葉は「1つのシステムが1社またはそれ以上の企業が製造するパーツで成り立っているとき，このようなシステムの核として機能し，そのときにこそ価値が最大化するような基盤製品のこと」を意味するとしている。また根来・加藤 (2006) では，プラットフォームとは，「階層的構造を持つ製品やサービスの中に存在するあるコア製品（ハードウェア・ソフトウェア）・サービスやその製品を成立させるコア技術（テクノロジー）のことである」と定義している。Rochet & Tirole (2001) と Eisenmann, Parker & Alstyne (2006) や Hagiu (2006) に代表される複数（マルチ）サイド・プラットフォーム理論では，プラットフォームを「仲介役として複数のユーザー・グループを結びつける役割」として定義している。アンドリーセン (2007) は，自らのブログ[75]の中で「プログラムできるならプラットフォームである。できないなら，違う（プラットフォームではない）」とプラットフォームの定義としてプログラミング可能であることを挙げている。このように，プラットフォームの

定義は一様ではないが，基盤機能もしくはメディア機能の意味を含意していると考えられる。

本書でのプラットフォームの定義は，根来・加藤（2010）のプラットフォーム製品・サービスを「各種の補完製品・サービスや補完コンテンツと合わさって顧客の求める機能を実現する基盤になり，プレイヤーグループ間の意識的相互作用の場となる製品やサービス」[76]とする。この定義は製品・サービスにおけるプラットフォーム研究の2つの流れを統合しようとするものである。以下に，説明を行う。

◆基盤機能とメディア機能

プラットフォーム製品論は，2つの側面を持って発展してきたという歴史を持っている。1つは基盤型プラットフォーム論と分類されるもので，補完製品が存在する製品を議論の対象にしてきた。例えばゲームには補完製品としてのゲームソフトが存在し，サーバーのOSにはアプリケーションが存在するので，ゲームやOSはプラットフォーム製品ということになる。

もう1つはメディア型プラットフォーム論と分類されるもので，仲介，決済，コミュニティ機能を保有するサービスを議論の対象にしてきた。この場合は，異なるユーザーを出会わせる，コミュニケーションを媒介する，取引を媒介するなどの機能を持つサービスがプラットフォームということになる。

本書は，前者の製品論をプラットフォームの基盤機能的定義と呼び，後者のサービス論をプラットフォームのメディア機能的定義と呼ぶ。プラットフォームの基盤機能的定義は，「各種の補完製品やサービスとあわさって顧客の求める機能を実現する基盤になる製品やサービス」であり，プラットフォームのメディア機能的定義は，「プレイヤーグループ内やグループ間の意識的相互作用の場を提供する製品やサービス」である[77]。ここで，「意識的」とは，当事者が別グループの大きさや質を「意識」しているがゆえに生まれる相互作用が，少なくとも1つのグループから別のグループに対して存在するということである。

◆基盤機能とメディア機能の統合

　基盤機能を持つ製品では，定義上補完製品が存在し，その多様性と質が該当プラットフォーム利用者にとって重要な選択要因となる。逆に，利用者の数や質が補完製品提供者（補完業者）の当該プラットフォームへと惹きつける。つまり，これらの2つのプレイヤーグループ（利用者と補完業者）は，プラットフォームを媒介に相互作用する。一方，メディア機能型プラットフォームにおいては，そのサービス自身が，異なるプレイヤーグループの相互作用を媒介することで成立している。例えば，クレジットカードにおいては，加盟店の数と質が加入者の数と質に直接影響する（相互に意識し合ってプラットフォームを選択する）。実は，「異なるプレイヤーグループの相互作用」の存在は，上記した基盤型プラットフォームとメディア機能型プラットフォームに共通する性質だと考えられる。

　オークションサイトは，仲介機能を持つサービスとして一般にメディア機能型プラットフォームとされる。しかし，オークションサイトにおいても，例えば，出品製品の情報は定められたフォーマットでそのサイトに掲載される。この情報は，仲介機能を果たすための前提となる，補完業者（出品者）が提供する補完製品（情報）であると考えられる（出品製品自身はプラットフォームと一緒に利用されるわけではないので補完製品ではない。プラットフォームサービスの対象製品である）。実は，メディア機能型プラットフォームにおいても補完製品は存在しているのである。

　意識的相互作用を可能にすることをメディア機能，製品だけでなく情報の基盤となることも基盤機能として拡張して考えれば，両機能のうちどちらかの機能がより強いことはあるが，プラットフォーム製品・サービスは，必ず基盤機能とメディア機能の両方の機能を持っているといえる[78]。

　以上の考察から，本書では，プラットフォーム製品・サービスを「各種の補完製品・サービスや補完コンテンツと合わさって顧客の求める機能を実現する基盤になり，プレイヤーグループ間の意識的相互作用の場となる製品やサービ

ス」と定義する。

第3節　プラットフォーム製品戦略における階層化の概念

　本節では，本書の全体を通じて議論されるプラットフォーム製品戦略における上位下位階層の考え方，ならびに相互依存性と一方向依存性の違いが，プラットフォーム戦品戦略を論じるための重要な概念となる。よって，プラットフォーム製品戦略における階層化の概念について説明する。

　コンピュータ・ソフトウェアは，ストレージ階層，データベース階層，アプリケーション階層，OS階層，ネットワーク階層など階層構造を成す。階層構造とは，ある事象や認識対象の構造が，層から層へと順に積み重ねて全体を構成している状態である。階層構造を特徴づける性質は，ある階層の隣接上位階層には2つ以上（複数）のアイテムが存在する（もしくは存在可能である）。作成されたコンテンツが存在するものはすべてプラットフォーム製品と呼び，階層を形成する。

◆上位下位階層の特徴

　コンピュータ・ソフトウェアの階層構造を特徴づける性質には，階層同士の関係が入れ子[79]（nested）になっているという点がある。仮に，下方から上方に順に積み重ねた階層構造の場合，下位階層は上位階層を入れ子にしている。逆に上位階層は下位階層によって入れ子にされているといえる。

　もう1つの特性として「上位・下位階層間の非対称依存特性」がある。これは下位階層に及ぼされた影響は上位階層に及ぶが，その逆は起こらないという性質である。言い換えれば，上位階層は下位のダメージを受ける。例えば下位階層が何らかの理由で機能しなくなると，上位階層も機能不全となる。逆に下位階層は上位階層のダメージの影響を受けることはない（図1－1）。

　またコンピュータ・ソフトウェアでの階層化は，下部階層を抽象化する（隠蔽する）特性を持つ。これにより直接CPUやハードウェアのことを気にする

ことなく，アプリケーション開発者はOSとのインターフェイスに集中することが可能になる。

◇**相互依存性と一方向依存性**

　階層は特性として「上位・下位階層間の非対称依存特性」を持つ。この非対称依存特性を端的に表す状況として，上下どちらかの階層が，機能不全になった際の隣接階層への影響を取り上げ，以下に説明する。以下の図1－1において，Aは下位階層が機能不全であり，その影響で隣接する上位階層のプラットフォーム製品はすべて機能しなくなる。言い換えれば，上位階層にあるプラットフォーム製品は，下位階層のプラットフォーム製品の影響を直接受ける。よって下位階層は，上位階層をコントロールできるという意味で優位な立場にある。一方，Bでは上位階層にある一部のプラットフォーム製品が機能不全になっても，下位階層は直接の影響は受けない。引き続き機能することが可能で，加えて同一レベルの他の独立したプラットフォーム製品も問題なく機能できる。この状況を考えても，下位階層は上位階層に対し優位な立場にあるといえる。

　これらのことから，ソフトウェアは補完製品に対して，階層性ならびに一方向性依存性を持つ。依存とは，下位階層がないと上位階層が動かない（機能しない）ということであり，逆は不成立の場合が「一方向的依存」である。この一方向依存性は，本書で取り上げるさまざまな階層戦略を論じるベースとなる。

図1－1●上位・下位階層間の非対称依存特性

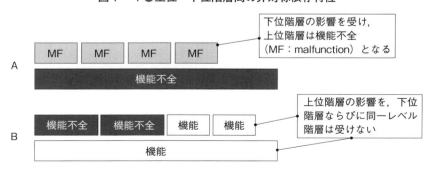

例えば，プラットフォーム包囲論（後述）における上位階層と下位階層の関係など，この一方向依存性を前提とした戦略の議論となる。

◇**モジュール化との違い**

類似のものに「モジュール化」がある．モジュールと階層の関係は対称依存特性の点で以下のように表される．

- 階層はモジュール構造の部分概念
- モジュール同士の関係の特殊ケースが「階層」
- 階層とは上位・下位階層間の非対称依存特性を備えたモジュール

言い換えれば，モジュールはそれが動くための依存関係を特定しない概念である．ちなみにモジュール化とは，それぞれ独立に設計可能で，かつ，全体として統一的に機能するより小さなサブシステムによって複雑な製品や業務プロセスを構築する[80]こととする．

◇**階層化による下部隠蔽の役割**

また，コンピュータ・ソフトウェアでの階層化は下部階層を抽象化する（隠蔽する）特性を持つ．例えば，OSの第1の目的はアプリケーション・ソフトウェアを動作させることであるが，このためのインターフェイスはAPI（アプリケーションプログラミング・インターフェイス）[81]とABI（アプリケーションバイナリ・インターフェイス）[82]である．OSのAPI/ABIはアプリケーション開発者から下部階層であるCPUやハードウェアを抽象化する役目があり，これにより直接CPUやハードウェアのことを「隠された情報」として気にすることなく，開発者はOSとのインターフェイスに集中することが可能になる[83]．

ちなみに抽象化とは，具体化の反意語で，対象から注目すべき要素を重点的に抜き出し，それ以外は無視する方法である．言い換えれば，関心対象に焦点を当て特定の形式で表現し，本質的なものだけを強調して抜き出すことである．

KEY WORD

| キーワード3 | 階層化の概念 |

　ソフトウェアにおける階層化の概念や考え方は、それほど斬新なものではない。ソフトウェア工学（Software Engineering）においては、ソフトウェアの設計や、開発プロセスにおける階層的な考え方や手法は以前から存在する。階層化の利点は、複雑な構成要素が独立したサブセットに分割されることにより、例えば、1つの階層の改良が他の階層に影響してしまうことを防ぐことができる。また、ソフトウェアの開発者が、モジュール単位でデザインや開発作業を進めることができ、ソフトウェア提供者間で互換性を提供する標準インターフェイスを定義できるなどである。

　ひとたび標準インターフェイスが定義されると、それに応じたさまざまなソフトウェア製品が複数の開発企業から提供されるようになり、ユーザーの需要の多様性に応えることが可能になる。いわゆる「モジュール化」の恩恵がもたらされる。

●注
1　ただし、コンピュータ・ソフトウェアにおいてのプラットフォーム製品という言葉が常にOSを指す、もしくはOSに限定されるということを意味しているわけではない。具体的には隣接階層に補完製品を持つものはソフトウェアではOSに限らずアプリケーションも、ミドルウェアもプラットフォーム製品である。
2　整理に関しては、主として長谷川（2000）ならびにケリー・アスプレイ（2006）からの引用による。
3　ジョセフ・ヘンリー（Joseph Henry）が発明した電力機器。動作スイッチ・物理量・電力機器の状態に応じて、制御用の電気信号を出力する。
4　長谷川（2000），p.32参照。
5　長谷川（2000），p.33参照。
6　長谷川（2000），p.34参照。
7　同上。
8　同上。
9　長谷川（2000），p.35参照。
10　同上。
11　同上。
12　同上。
13　同上。
14　長谷川（2000），p.36参照。

15　ケリー・アスプレイ（2006），p.90参照。
16　同上。
17　同上。
18　ケリー・アスプレイ（2006），p.88参照。
19　EDVAC開発に加わっていたノイマンの名前にちなんで「ノイマン型」と呼ばれる。
20　ケリー・アスプレイ（2006），p.91参照。
21　ケリー・アスプレイ（2006），p.102参照。
22　長谷川（2000），p.53参照。
23　同上。
24　同上。
25　長谷川（2000），p.54参照。
26　同上。
27　整理に関しては，主として長谷川（2000）ならびにケリー・アスプレイ（2006）からの引用による。
28　長谷川（2000），p.67参照。
29　随時利用される，目的の決まった小さなプログラムのこと。
30　ある特定の機能を持ったプログラムを，他のプログラムから利用できるように部品化し，複数のプログラム部品を1つのファイルにまとめること。
31　長谷川（2000），p.69参照。
32　プログラミング言語で記述されたソフトウェアの設計図（ソースコード）を，コンピュータが実行できる形式（オブジェクトコード）に変換するソフトウェア。
33　長谷川（2000），p.69参照。
34　符号化された命令に仮のアドレスを与えておき，メモリに読み込まれたとき，それを具体的な実アドレスに展開するという手法。
35　長谷川（2000），p.69参照。
36　長谷川（2000），p.70参照。
37　長谷川（2000），p.76参照。
38　同上。
39　同上。
40　長谷川（2000），p.77参照。
41　同上。
42　同上。
43　ケリー・アスプレイ（2006），p.193参照。
44　長谷川（2000），p.98参照。
45　同上。
46　長谷川（2000），p.99参照。
47　長谷川（2000），p.100参照。
48　長谷川（2000），p.84参照。

49 同上。
50 同上。
51 各種サブシステムと言語サポートを備えた重装備の1962年頃のOS。
52 1964年に，IBM社が発表した最初の汎用メインフレーム。当時，他社を圧倒してメインフレーム市場をほぼ独占する。当時のコンピュータでは，同一メーカーであっても設計仕様が異なり，それぞれの専用OSとアプリケーションを使っていたので，同一メーカー内でも，ある機種から他の機種にソフトを移植することが非常に困難であった。System/360ファミリーであれば，同一のOSが走るので，ユーザーはアプリケーションや周辺機器を，ある機種からある機種へと自由に移せるようになった。**キーワード②**を参照のこと。
53 ケリー・アスプレイ（2006），p.199参照。
54 1960年頃に，ヨーロッパの学者グループによって開発されたプログラミング言語の総称である。ALGOL 58, ALGOL 60, ALGOL 68などがある。仕様が巨大かつ複雑であったために広く普及することはなかったと言われている。
55 ダートマス大学のジョン・ケリー（John G. Kemeny）とトーマス・カーツ（Thomas E. Kurtz）によって開発された，初心者向けの対話型言語。
56 IBM社によって開発され，1970年代には，同社のメインフレームの標準的言語として利用された。ALGOLを基礎に，事務処理用言語COBOLや科学技術計算用言語FORTRANの機能を取り込み，あらゆる用途に耐える汎用の言語として，すべての言語を置き換えるべく開発された。
57 ケリー・アスプレイ（2006），p.202参照。
58 同上。
59 ケリー・アスプレイ（2006），p.200参照。
60 具体的には2013年9月の時点で，Windows（サーバー側：Windows Server 2012，クライアント側：WindowsXP, WindowsVista, Windows7, Windows8など），Unix系（FreeBSD, OpenBSD, NetBSD, Mac OSX, Solaris, HP-UX, AIXなど），Linux（ディストリビューションによって，Debian系，RedHat系，Slackware系など），国産OS（TRONなど），これら以外にも多くのOSが存在する。
61 整理に関しては，主としてCusumano（2004）ならびにハジウ（2006）からの引用による。
62 Cusumano（2004），（邦訳）p.138参照。
63 同上。
64 Cusumano（2004），（邦訳）p.140参照。
65 同上。
66 同上。
67 同上。
68 Cusumano（2004），（邦訳）p.141参照。
69 同上。
70 Cusumano（2004），（邦訳）p.140-141参照。

71 Cusumano（2004），（邦訳）p.143参照。
72 青木・安藤（2006），p.126参照。
73 株式会社インセプト（Incept Inc.）が運営するウェブ上のIT用語辞典　http://e-words.jp/　2008/12/17閲覧
74 國領（1995）には，今井・國領（1994）と同じ定義の他に，次の説明もある。プラットフォームとは，「広義には第三者間の相互作用を活性化させる物理基盤や制度，財，サービス」を意味する。
75 マーク・アンドリーセン（Marc Andreessen）は，Webブラウザー「Mosaic」や「Netscape Navigator」などを開発したことで知られる米国のソフトウェア開発者。http://blog.pmarca.com/2007/09/the-three-kinds.html　2008/12/17閲覧
76 根来・加藤（2010），p.3ならびに根来・足代（2011），p.14参照。
77 同上。
78 同上。
79 ある構造の内部に，別の構造が包含されていること。本書では，アプリケーションの階層がOSという別の機能の階層上で動く場合，上位階層が下位階層に入れ子にされている状態と考える。このとき，アプリケーションはOSの掌上でしか機能できない。ちなみに，構造化プログラミングにおけるプログラムを構築する手法のネスティングの概念とは異なる。
80 Baldwin & Clark（1997），p.84参照。
81 OSやミドルウェア向けのソフトウェアを開発する際に使用できる命令や関数の集合のこと。また，それらを利用するためのプログラム上の手続きを定めた規約の集合。
82 命令体系が同じマイクロプロセッサを搭載したコンピュータ同士で，アプリケーション・ソフトを書き換えなくても動作するように，機械語レベルでの互換性を保証するための規約。
83 Baldwin & Clark（2000），（邦訳）p.76参照。

第2章

プラットフォーム製品戦略の先行研究レビュ

　本章では，コンピュータ・ソフトウェアのプラットフォーム製品戦略に関する先行研究を俯瞰し，先行研究の課題を指摘する。

　第1節では，先行研究の概要として，コンピュータ・ソフトウェアの競争戦略の領域と，プラットフォーム製品の競争戦略の領域からレビュを行う。第2節では，第1節のレビュによって導出した課題について整理し，階層介入戦略ならびにプラットフォーム製品戦略の，先行研究の課題の所在を指摘する。

第1節　先行研究の概要

　コンピュータ・ソフトウェアの競争戦略の領域における，コンピュータ・ソフトウェア産業の階層的構造変化に関する研究では，国領（1999），Cusumano（2004），ハジウ（2006）がある。そこでは1960年代のIBM社のソフトウェア分離販売から産業が階層化してきたプロセスを論じている。コンピュータ・ソフトウェア企業の分野を特定しない経営戦略に関する研究では，末松・ベネット（1996），山田（2000），Evans, Hagiu & Schmalensee（2006），Foley（2008），Yoffie, Hagiu & Slind（2009）などがある。コンピュータ・ソフトウェア企業の分野を特定する経営戦略に関する研究での，OSS（後述**キーワード7を参照**）のビジネスに関する研究では，O'Reilly（1999），DiBona, Ockman & Stone（1999），Young（1999），Raymond（1999），Torvalds（1999），佐々木・北山（2000），末松（2002），末松（2004）などがある。そこ

では，開発者にとって開発のインセンティブや，コミュニティの力，OSSがもたらすビジネスインパクトに関して論じられている。

　IBM社のソフトウェア分離販売により，ソフトウェアならびにソフトウェア産業の階層化が進んできた。また，OSSの誕生により，IT業界やソフトウェア・ビジネスは大きく変わろうとしている。OSSの開発者たちは，報酬や見返りにこだわらない労働に対する新しい価値観を持っており，ソフトウェアの拡販にそのモチベーションを効果的に利用することが，プラットフォーム製品提供者にとって戦略上のカギになると，先行研究では示唆している。

　プラットフォーム製品の競争戦略の領域において，プラットフォーム・リーダーシップに関する研究では，Gawer & Cusumano (2002) やIansiti & Levien (2004) ならびに，根来・加藤 (2006) がある。そこでは，プラットフォーム製品提供者の補完業者へのインセンティブを論じるエコシステム論が論じられている。プラットフォーム製品の階層戦略に関する研究では，Katz & Shapiro (1985, 1986) ならびにShapiro & Varian (1999) は，階層間の相互運用性がもたらすネットワーク効果の理論を展開している。Rohlfs (2001) は，間接ネットワーク効果を「補完的なバンドワゴン効果」と同義として，その効果に注目している。根来・加藤 (2008) は，ユーザーにとってのアクセス価値やネットワーク効果の分類に関する発展理論を論じている。また，3者間構造をとるプラットフォーム仲介ネットワーク (platform-mediated networks) の考え方が存在し，Rochet & Tirole (2003), Eisenmann, Parker & Alstyne (2006) やHagiu (2006) は，プラットフォームを仲介役として複数のユーザー・グループ (階層間) を結びつける役割として定義している。加えて，Eisenmann, Parker & Alstyne (2007) では，階層バンドルの概念で「プラットフォーム包囲」を論じている。プラットフォーム製品のドミナント化ならびにWTAに関する研究では，Eisenmann (2010), 根来・加藤 (2010) がそのメカニズムを説明している。

　プラットフォーム・リーダーシップでは，補完的な製品を提供する補完業者を惹きつけるための，プラットフォーム提供者の振る舞いについての理論が展

KEY WORD

キーワード 4　オープン・アーキテクチャ戦略

　国領（1999）では，「オープン・アーキテクチャ戦略」の中で，モジュール化とオープン・アーキテクチャの採用で，独立した会社が開発した製品を次々と結合していける仕組みが社会に出来上がったと指摘している。それにより，小さな企業でも大きな投資を避け，真に付加価値を高められる部分にだけ集中する戦略をとることによって，自社製品をデファクト・スタンダード化することができる。それにより，急速に大企業に成長していけることが，モジュール化がもたらす効果として挙げられる。こういったプロセスは情報産業を超えて広く見られるトレンドである。加えて，コンピュータ産業が「垂直囲い込み型」から「水平展開型」への経営構造の転換を劇的に経験したと指摘し，水平展開型の戦略においては，全顧客のニーズの一部を満たすことが求められ，従来の垂直囲い込み型経営のタテ方向の展開に対して，ヨコ方向への展開が重要であるという関係についても示唆している。

キーワード 5　プラットフォーム・リーダーシップ

　Gawer & Cusumano（2002）によると，「プラットフォーム・リーダーシップ」において，リーダーは4つのレバーを用い，補完業者をコントロールすることが重要であると説いている。4つのレバーの概要とは，レバー1：企業の範囲，レバー2：製品化技術，レバー3：外部補完業者との関係，レバー4：内部組織である。プラットフォーム・リーダーシップのめざすものは，自らの産業において，イノベーションの方向性に多大な影響を及ぼし，それゆえに補完業者を生み出し活用する企業と顧客のネットワーク，すなわち「エコシステム（産業生態系）」にも強い影響力を持つことである。プラットフォーム・リーダーシップの本質は，一企業の事業展開，1製品あるいは1部品の技術仕様といったことをはるかに超えて広がるビジョンから始めることである。もし，企業が協働しリーダーに追随するなら，産業生態系の全体は，その部分の合計より大きくなるといえるようなビジョンである。言い換えれば，プラットフォーム・リーダーがする意思決定および，しないという意思決定によって，補完業者が行うイノベーションの程度と種類に大きく影響を与える。このことこそ，プラットフォーム・リーダーシップが何か，についてのすべてであると論じている。

開され，補完業者のインセンティブをいかにコントロールするかが，戦略の成否に大きく関係すると指摘している。また，プラットフォーム製品戦略においては，一貫してネットワーク効果の重要性が説かれており，グループ内ならびにグループ間ネットワーク効果を引き出すことが要となる。加えて，WTAのメカニズムにおいて，プラットフォーム製品提供者が取り得る「プラットフォーム包囲」「プラットフォーム橋渡し」「プラットフォーム互換」「プラットフォーム連携」の対抗戦略があると，先行研究は論じている。

第2節　課題の所在

前節では，先行研究レビューとして，コンピュータ・ソフトウェアの競争戦略の領域と，プラットフォーム製品の競争戦略の領域からレビューを行った。

これまでの先行研究の貢献点は，ネットワーク効果に関しては，大量かつ広範囲な研究蓄積がある。しかし，後発の補完的プラットフォーム製品の普及戦略ならびにドミナント化のメカニズムに関するものや，後発プラットフォーム製品の一種で，レイヤースタック内の階層数変化を伴う施策である「階層介入戦略（後述）」の戦略上の示唆に関して，十分に論じられていないと思われる。本書では，この点を先行研究の課題の所在として指摘する。

以下，簡単に先行研究の課題をまとめる。
① 市場における，同一レベル階層での競合関係にあるプラットフォーム製品の，シェア争いに関する先発優位や後発優位に関する研究が主である。
② 後発プラットフォーム製品から，補完的な位置付けで形勢を逆転させるような研究は十分にされていない。
③ 階層介入型プラットフォーム製品の，ドミナント化のメカニズムに関して，詳述する論文も十分でない。

KEY WORD

キーワード6　先発優位・後発優位

　先発優位とは，新しい市場に競合よりも早期に参入することで得られる優位性のこと。逆に，後発優位とは，先発企業に対して後発企業が得る優位性のことである。例えば，先発の優位な点としては，①その製品の先駆者として知名度を上げることができる。②激しい競争はまだ始まっていないので，比較的高い価格で販売することができる。③製品の規格の決定にリーダー的な役割を持つ可能性も高い，などが挙げられる。一方，後発が優位な点としては，①先発企業の製品を模倣することで研究開発コストを節約できる。②新商品や新技術が消費者に認知されるまでの宣伝広告は，すでに先発企業が行ってくれるので，それに費やすコストも節約できる，などの点である。

キーワード7　オープンソース

　オープンソース（OSS／Open Source Software）とは，ソフトウェアのソースコードを，インターネットなどを通じて無償で公開し，誰でもそのソフトウェアの改良，再配布ができるようにしているソフトウェアのこと。
　ソースコードとは，プログラミング言語を使用して記述したソフトウェアの設計図のようなものである。OSSは，商用ソフトと異なり，自由にカスタマイズができる特徴がある。代表的なOSSには，OSでは「Linux」，ウェブアプリケーションサーバーでは「Apache」，データベースでは「MySQL」，プログラミング言語では「PHP」などがある。
　OSSの開発や運用，保守は，技術者の団体である「オープンソースコミュニティ」を中心に行われている。米国の非営利団体「Open Source Initiative」（OSI）は，OSSの適正な配布・利用に求められるライセンスの定義を定めており，定義に合致したOSSライセンスを承認している。OSSは無料で入手可能であり，ユーザー企業はOSSを自社のニーズに合わせて改善することができるので，ベンダーに縛られないメリットがある反面，サポート体制が完備されているとは言い難く，また品質に対する保証がないなどの運用上のデメリットもある。

第3章

プラットフォーム製品の
ドミナント化要因

　本章では，プラットフォーム製品のドミナント化要因について論じる。先行研究レビューにより，プラットフォーム製品のドミナント化を誘発する要因として，階層間ネットワーク効果の効用力，ブリッジングの影響力，プラットフォーム製品排除に対する抵抗力の3つを提示する。第1節で論じる階層間ネットワーク効果の効用力は，階層構造を持つプラットフォーム製品の普及拡大のために必要な要因であり，第2節で論じるブリッジングの影響力は，ドミナント化のための構造的な要因である。また，第3節で論じるプラットフォーム製品排除に対する抵抗力は，補完製品を提供するプラットフォーム製品提供者が，レイヤースタック内にとどまるために必要な要因である。またこれらの要因が，どのような先行研究からもたらされたのかを関連付けて論じる。

第1節　階層間ネットワーク効果の効用力

　階層間におけるネットワーク効果が促進されると，ユーザーにとっての効用が高まりプラットフォーム製品としての魅力が増す。また，開発者や補完業者が充実した開発者コミュニティからの支援に促され，もしくは個人的な興味や開発スキルの市場価値に刺激され，プラットフォーム製品の開発インセンティブを高める。こういったプラットフォーム製品のドミナント化を誘発する要因として「階層間ネットワーク効果による効用力」を取り上げる。

　この要因の設定に関しては，顧客と開発業者の2つのユーザー・グループが

ユーザー内，ならびにユーザー間ネットワーク効果を発揮することや，マルチホーミングコストの低減による，ユーザーの購入の促進に依拠する。例えば，OSSコミュニティなどの開発者コミュニティに関して，DiBona, Ockman & Stone (1999), Torvalds (1999), Perens (1999), Raymond (1999), 佐々木・北山 (2000) らの先行研究がある。また，補完業者を含むプラットフォーム・ビジネスに関して，國領 (1999), Shapiro & Varian (1999), ユーザーのプラットフォーム製品選択のインセンティブに関しては，Katz & Shapiro (1985, 1986), Rohlfs (2001) のネットワーク効果や，バンドワゴン効果を指摘している。加えて，Hagiu (2006), Eisenmann, Parker & Alstyne (2006) のツーサイド・プラットフォーム理論の，2つのユーザー・グループの相乗的増加がある。マルチホーミングコストに関しては，Eisenmann, Parker & Alstyne (2007) や，根来・加藤 (2010) が論じている。これにかかわる後発プラットフォーム製品提供者の操作項目（後述）としては，プラットフォーム製品が保有するアクセス可能ユーザー数の増加や，マルチホーミングコストを低減することで，階層間ネットワーク効果が高まると考えられる。階層間ネットワーク効果による効用力が高いと，プラットフォーム製品が，ドミナント・プラットフォーム製品になる可能性が高まると推論される。

◆開発業者とユーザーのネットワーク効果の因果ループ

アプリケーション開発業者とシステム購入ユーザーにとって，特定のアプリケーションが世の中に増加すると，正のネットワーク効果の因果ループが生まれ，相乗的に特定のプラットフォーム製品を選択する動機が高まるという現象が起きる。

以下の**図3－1**は，本節で論じるアプリケーション開発者と，システム購入顧客のネットワーク効果の因果ループを図にしたものである。世の中にプラットフォーム製品上の多彩なアプリケーションが増加することを始点に，左側にアプリケーション開発者，右側にシステム購入顧客のそれぞれが，ネットワー

KEY WORD

キーワード8　チキン・エッグ問題

　チキン・エッグ問題は,「鶏が先か,卵が先か」「ニワトリとタマゴのどちらが先にこの世にできたのか」という問題である。プラットフォーム製品戦略においてこの言葉は,企業の創業期において,提供するプラットフォーム製品のユーザーが少ないために,補完業者から見たプラットフォーム製品の利用価値はそれほど高くなく,同様に,補完業者が提供する補完製品が少ないために,ユーザーから見たプラットフォーム製品の利用価値がそれほど高くないという状況に陥ることを意味する。言い換えれば,ユーザー・サイドに十分な参加者がいないことが,補完業者の獲得の阻害要因となり,逆に,補完業者サイドに十分な参加者がいないことが,参加者の獲得の阻害要因となるというように,2つの相互作用する要因により,プラットフォーム製品の普及が進まないという状況となる。このような問題を,プラットフォーム製品における「チキン・エッグ問題」と呼ぶ。プラットフォーム製品の提供者にとって,この「チキン・エッグ問題」を解消することは,成長していくために越えなければならない経営課題の1つである。

ク効果の因果ループにて相乗効果を発揮しながら促進させていくことを表現している。ちなみに,抑制要因としては,スノッブ効果や独占の弊害が考えられるが,この図では表記していない。

アプリケーション開発業者：世の中に特定のプラットフォーム製品上の多様なアプリケーションが増加すると,開発者コミュニティのメンバーが増加し,メンバー同士の開発にかかわるさまざまな情報が得やすくなる。これにより,アプリケーション開発者がますます増加し,プラットフォーム製品が開発者の主流となる。それにより,開発者の開発の動機が高まり,世の中に特定のプラットフォーム製品上の多様なアプリケーションが,さらに増加することとなる。

システム購入ユーザー：世の中に特定のプラットフォーム製品上の多様なアプリケーションが増加すると,ユーザーがプラットフォーム製品選択の際「投資したものが無駄にならない」という特定のプラットフォーム製品を安心して購

図3−1 ●開発者とユーザーのネットワーク効果の因果ループ

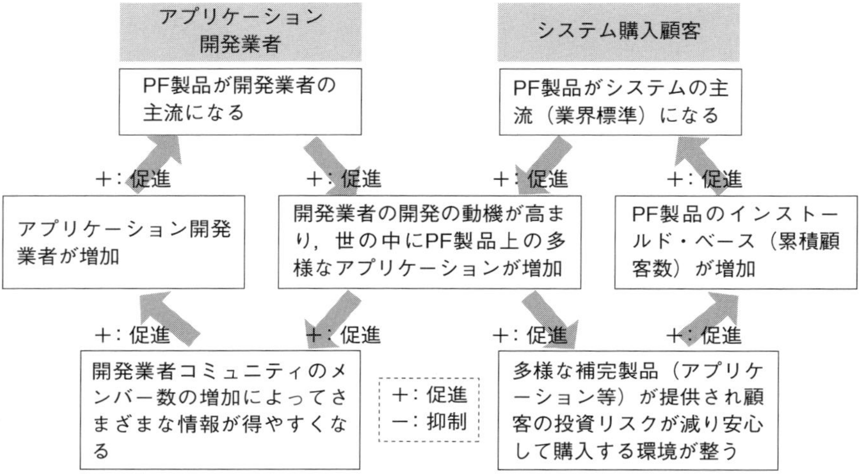

```
┌─────────────────┐                              ┌─────────────────┐
│ アプリケーション │                              │ システム購入顧客 │
│   開発業者      │                              │                 │
└─────────────────┘                              └─────────────────┘

      ┌──────────────────┐                    ┌──────────────────┐
      │ PF製品が開発業者の│                    │ PF製品がシステムの主│
      │ 主流になる        │                    │ 流（業界標準）になる│
      └──────────────────┘                    └──────────────────┘

   ＋：促進      ＋：促進         ＋：促進        ＋：促進

┌──────────┐  ┌──────────────────┐      ┌──────────────────┐
│アプリケー  │  │開発業者の開発の動機が高│      │PF製品のインストー│
│ション開発 │  │まり，世の中にPF製品上の多│      │ルド・ベース（累積顧│
│業者が増加 │  │様なアプリケーションが増加│      │客数）が増加       │
└──────────┘  └──────────────────┘      └──────────────────┘

   ＋：促進      ＋：促進         ＋：促進        ＋：促進

┌──────────────────┐    ┌─────┐  ┌──────────────────┐
│開発業者コミュニティのメ│    │＋：促進│  │多様な補完製品（アプリケ│
│ンバー数の増加によってさ│    │−：抑制│  │ーション等）が提供され顧│
│まざまな情報が得やすくな│    └─────┘  │客の投資リスクが減り安心│
│る                     │              │して購入する環境が整う  │
└──────────────────┘              └──────────────────┘
```

入する環境が整う。これにより，プラットフォーム製品のインストールド・ベース（累積顧客）がますます増加し，プラットフォーム製品が主流（業界標準）となる。それにより，特定のプラットフォーム製品上の多様なアプリケーションが，さらに増加することとなる。

◇**開発業者にとってのプラットフォーム製品としての魅力**

　開発業者（開発者）にとって，数あるプラットフォーム製品のなかで，習得する開発スキル（言語やAPIの習熟）を選択するのは，大きく2つの理由がある。1つは，開発業者が言語やAPIの習熟自体に興味を持ち，探究心をくすぐられるということ。もう1つは，将来的に主流になる開発スキルを習得することで，エンジニアとしてのキャリアを形成していくことに意欲を感じるためである。

　この要因の促進のための，プラットフォーム製品提供者がとり得るアクションとしては，開発業者が開発意欲を掻き立てられるようなコミュニティの支援や，安価な開発ツールの提供，開発者同士が意見交換できるようなイベントや

シンポジウムなどの場を提供するなどがある。こういったことを通じて，アクセス可能ユーザー数の増加を図ることが重要である。

また，開発スキルの習得におけるマルチホーミングコストの低減を図ることも重要である。具体的には，競合する既存の言語などに似たものとすることで，開発業者の習熟の負担を軽くすることなどがある。

◇ユーザーにとっての効用力

ユーザーにとって，階層間ネットワーク効果の効用が増すことで，利用にかかわるさまざまな情報が得やすくなる，具体的には，多くの補完製品（例えば参考書籍や利用スキルを高めるようなトレーニング）の充実などの効用が増し，利便性が高まる。

この要因の促進のために，プラットフォーム製品提供者がとり得るアクションとしては，ユーザーが購買意欲を掻き立てられるような訴求広告，ユーザー同士がベストプラクティス情報をシェアできるような，顧客向け感謝イベントなどの場を提供するなどがある。こういったことを通じて，アクセス可能ユーザー数の増加を図ることができる。

また，ユーザーのマルチホーミングコストの低減を図ることも重要である。具体的には複数のプラットフォーム製品を保有するコスト負担を軽くすることである。加えて，他のユーザー・グループとの相互接続により，新たなサービスを追加で利用できるような状況を創り出すことも大切である。

◆販売チャネルにとってのメリット

販売チャネルは，プラットフォーム製品を搭載して，ハードウェアをシステムとして構築し顧客に販売する。BtoBとしての，プラットフォーム製品のユーザーである販売チャネルにとってのメリットは，開発者やシステム購入顧客が増加すれば，プラットフォーム製品を搭載したハードウェアの売り上げが増加するなどがある。インストールド・ベースの顧客が増えることで，保守メンテナンスやハードウェア増設などのビジネス機会も増える。トレーニングや書

籍などの補完製品を提供している場合は，その売り上げも増加するなどのメリットも期待できる。

第2節　ブリッジングの影響力

　プラットフォーム製品は，その隣接階層に，多くの補完製品としてのプラットフォーム製品を配することで，ドミナント・プラットフォーム製品となる可能性がある。その際，一方向依存関係[1]（入れ子関係）が構築され，多くの入れ子にされたプラットフォーム製品を保持することで，プラットフォーム製品が隣接階層のプラットフォーム製品の非ドミナント化を誘発し，自らが新たにドミナント化可能なプラットフォーム製品になる。ここで，隣接する上位階層プラットフォーム製品数をN（多数），下位階層プラットフォーム製品数を1として，多数対1の関係において，下位階層プラットフォーム製品の隣接階層で入れ子状態にするプラットフォーム製品数Nが多いか少ないかが，ドミナント化に大きく影響する。こういった要因を「ブリッジングの影響力」と呼ぶことにしたい。

　この要因の設定に関しては，先行研究におけるEisenmann, Parker & Alstyne（2007）や加藤（2008），根来・加藤（2010）が指摘する，プラットフォーム製品がその隣接階層上のプラットフォーム製品を「入れ子」にする状態を，どの程度まで広げられるかが要となることに依拠する。これに関わる操作項目としては，隣接対象にするプラットフォーム製品を多数選定することで，ブリッジングの影響力を高めることができると考えられる。ブリッジングによって，多数の隣接プラットフォーム製品を入れ子関係にすることで，プラットフォーム製品が，ドミナント・プラットフォーム製品になる可能性が高まると推論される。

◆階層間の入れ子対応関係

　ブリッジングの影響力を大きく左右するものとして，隣接する上位階層プラ

KEY WORD

キーワード9　ネットワーク効果

　より多くの顧客が，製品・サービスを利用するにつれて，その製品・サービスを利用する顧客の便益が増加する（もしくは減少する）効果のこと。見方を変えれば，潜在的な顧客にとっての製品やサービスの価値が，すでにその製品・サービスを利用している顧客の数に依存する効果とも言える。便益が増加するとき，その製品・サービスには，正のネットワーク効果があるという。一方，便益が減少する場合の負のネットワーク効果には，顧客の数が増えすぎることによる通信輻輳や渋滞などの不便さの増加などが挙げられる。

　ネットワーク効果には，直接のネットワーク効果（direct network effect）と間接のネットワーク効果（indirect network effect）がある。正の直接のネットワーク効果は，電話などで加入する顧客が増えるとともにその電話網自体の価値が増すことであり，正の間接のネットワーク効果は，製品の価値が，その提供される補完製品の数や種類の増加によって増すことである。

ットフォーム製品数をN（多数），下位階層プラットフォーム製品数を1として，多数対1の関係において，下位階層プラットフォーム製品の隣接階層で入れ子状態にするプラットフォーム製品数Nの多少（多いか少ないか）が関係する。多数の補完的プラットフォーム製品を入れ子の関係にすることによって，優位な状況を作り出すことが可能となる（図3－2）。

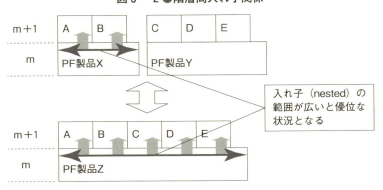

図3－2 ●階層間入れ子関係

図3－2において，m階層にあるプラットフォーム製品Xと，m階層にあるプラットフォーム製品Zを比較した場合，補完的なプラットフォーム製品であるA，B，C，D，Eをできるだけ多く入れ子にすることによって，ブリッジングの影響力を高めることが可能となる。具体的な事例としては，プラットフォーム製品統合がこれに該当する。

第3節　プラットフォーム製品排除に対する抵抗力

　市場参入したプラットフォーム製品が，プラットフォーム包囲の施策により，レイヤースタック内から排除される可能性が存在する（**図3－3**）。その際，例えばレイヤースタック内の別のレベルの階層でプラットフォーム製品を保有し，収益を確保することは，排除に対する抵抗力を強めることとなる。また，プラットフォーム製品提供者の企業存続の能力も，排除に対する抵抗力を左右する。このような要因を「排除に対する抵抗力」とする。

　この要因の設定に関しては，Eisenmann, Parker & Alstyne（2007）が提示するプラットフォーム包囲の攻撃に対して，どの程度の抵抗力があるかによって左右されることに依拠する。これにかかわる後発プラットフォーム製品提供者の操作項目（後述）としては，持続的収益確保モデルの遂行により，排除に対する抵抗力を高めることができると考えられる。プラットフォーム製品において排除に対する抵抗力が高いと，レイヤースタック内に居座り，ドミナント・プラットフォーム製品になる可能性が高まると推論される。

　図3－3において，m＋1レベル階層にあるXプラットフォーム製品と，Yプラットフォーム製品は両者とも，mレベル階層にあるZプラットフォーム製品上の補完製品である。Zプラットフォーム製品上のXプラットフォーム製品は，隣接階層間のバンドルの戦略を実行したために，Yプラットフォーム製品が駆逐されてしまう状況を図にて表している。

KEY WORD

キーワード10　オープンとクローズド

　プラットフォーム製品戦略で重要な要素として，インターフェイス（他のプラットフォーム製品との接合点）のオープンとクローズドという点がある。言い換えれば，どの部分のインターフェイスをオープンにして，どの部分はクローズドにするのかという操作が戦略上重要となる。具体的に，オープンの操作とは，さまざまな補完業者を募り，補完業者の利益も確保しながら，協業的にプラットフォーム製品の普及を推し進めていくことであり，クローズドとは，排他的に自社のみ，もしくは限定された少数の仲間だけで，普及を推し進めていくことである。クローズドは別名プロプライエタリ（Proprietary）とも呼ばれる。
　オープンの戦略では，手伝ってくれる仲間の補完業者が多いと，それによって急速に普及を図ることができる，一方，クローズドの戦略は利益を独り占めしやすくなる。プラットフォーム製品においては，階層単位でそのインターフェイスをオープンにするのか，クローズドにするのかの意思決定が可能であり，その決定こそが戦略の成否を分ける重要な要因となる。
　本書で取り上げているマイクロソフト社のWindowsや，インテル社の半導体などは，利益を生み出すコア領域をクローズドにする一方で，筐体であるハードウェアやアプリケーション階層との境界にオープン領域を設定し，多くの補完業者を巻き込みビジネスのエコシステム（後述キーワード18を参照）を実現することに成功した。

図3－3●プラットフォーム製品バンドル

◆プラットフォーム包囲攻撃に対する反撃と防御

プラットフォーム包囲の事例として,以下のようなものがある。

①攻撃側:マイクロソフト社のWindows,ターゲット側:リアルネットワークス社のストリーミング・メディア・プレイヤー,②攻撃側:eBayのオークション・マーケットプレイス,ターゲット側:PayPalのe-mailペイメントサービス,③攻撃側:マイクロソフト社のOffice,ターゲット側:アドビのAcrobat・PDFライター・ソフトウェアの3つが,Eisenmann, Parker & Alstyne(2007)では提示されている。ちなみに,コンピュータ・ソフトウェア産業での事例は①と③で,両者とも攻撃者はマイクロソフト社である。

これらプラットフォーム包囲の戦略に対し,どのようにして反撃するか,または防御するかについて,以下レイヤースタック外とレイヤースタック内で説明する。

◇レイヤースタック外での包囲に対する反撃

包囲に対して全く打つ手がないわけではない。単体プラットフォーム・プロバイダーが,包囲されないためにはどうすればよいのか3つの対抗策がある。それは,①ビジネスモデルを変える,②心強い仲間と手を組む,③法的手段に訴える,の3つである[2]。これらを実践して生き残りを図っている企業が存在する。ストリーミング・ソフトの草分け的存在であるリアルネットワークス社である。

◇レイヤースタック内での包囲に対する防御

レイヤースタック内でのプラットフォーム包囲に対する防御では,入れ子にされる側のプラットフォーム製品のオープン性の堅持が,包囲されない階層として存在できる可能性を高めると考えられる。前述の,入れ子状態にある隣接

COMMENTARY

解説2　プラットフォーム包囲

　Eisenmann, Parker & Alstyne（2007）の「プラットフォーム包囲」戦略とは，プラットフォーム製品提供者が，プラットフォーム製品のコンポーネントの共通する部分と重なり合うユーザーの関係をテコ（leverage）にすることによって，自分自身の機能にターゲットのプラットフォーム製品の機能をバンドルの状態で結合させ，ターゲットのプラットフォーム製品の市場に入っていく戦略である。

　このプラットフォーム製品の包囲戦略は，飛躍的イノベーションやシュンペーターの創造的破壊を必要としないプラットフォーム・リーダーシップの交代のメカニズムである。強いネットワーク効果と高いスイッチングコストによって，競合の参入からは隔離された状態にある支配的な企業も，隣接したプラットフォーム製品提供者の複数の階層を結合させる包囲の攻撃に対しては脆弱である場合があると論じている。

KEY WORD

キーワード11　クリティカルマス

　1962年に，スタンフォード大のエベレット・ロジャース（Everett Rogers）が，著書『Diffusion of Innovations』の中で提唱した概念。クリティカルマスとは，製品やサービスの市場での普及が，加速度的に増加する分岐点となる普及率のこと。製品や商品は，最初は最も先進的なイノベーター（革新者）と呼ばれる層に受け入れられ，次に新しいものに敏感なアーリーアダプター（初期採用者）と呼ばれる層に広まっていく。その後，保守的なマジョリティ（多数者）層に広がっていくとしている。普及率がクリティカルマスに達すると，それまでの普及率の伸びが一気に跳ね上がると指摘している。

　例えば，オーディオの領域で広く普及したCDやDVDに対して，クリティカルマスを超えられなかった事例としては，LD（レーザーディスク）やMD（ミニディスク）が考えられる。

　関係のプラットフォーム製品間において，入れ子にする側から入れ子にされる側のプラットフォーム包囲の実行は，入れ子にされるスタンドアローン企業側からは打つ手がない状態となる可能性が高い。よって，これを回避するために，

できる限り多くのプラットフォーム製品との隣接関係を持つことが重要である。仮に，1つの隣接プラットフォーム製品から包囲をされても，他の隣接プラットフォーム製品を多く抱えることにより，その包囲の影響を限定的にすることができる。

●注
1 　階層は特性として「上位・下位階層間の非対称依存特性」を持つ。依存とは下位階層がないと上位階層が動かない（機能しない）ということであり，逆は不成立の場合が「一方向的依存」である。一方，モジュールは依存関係を特定しない概念である。詳しくは第1章p.27を参照のこと。
2 　Eisenmann, Parker & Alstyne（2006），（邦訳）p.101参照。

第4章

後発プラットフォーム製品提供者の操作項目

　本章では，後発プラットフォーム製品提供者の操作項目について論じる。前章と同じく先行研究レビューにより，プラットフォーム製品のドミナント化の要因に影響をもたらす後発プラットフォーム製品提供者の操作項目として，アクセス可能ユーザー数の増加，マルチホーミングコストの低減，隣接対象プラットフォーム製品の多数選定，持続的収益確保モデルの遂行，の4つを提示する。それぞれ，第1節ではアクセス可能ユーザー数の増加，第2節ではマルチホーミングコストの低減，第3節では隣接対象プラットフォーム製品の多数選定，第4節では持続的収益確保モデルの遂行を論じる。

　これらは，前章で提起したプラットフォーム製品のドミナント化要因に対し，後発プラットフォーム製品提供者の操作項目を，梃子のようにレバレッジ（Leverage）することによって，その要因を高める影響を及ぼすものとして提示する。

第1節　アクセス可能ユーザー数の増加

　アクセス可能ユーザー数を増加させるためには，2つの方法がある。1つは上下階層でプラットフォーム製品を隣接させることにより，後発プラットフォーム製品は既存の複数のプラットフォーム製品の，すでに保持しているネットワーク効果（アクセス可能ユーザーの総和）を横取りすることが可能になる。この項目に関する先行研究では，Shapiro & Varian（1999）による相互運用性

の効果や，Rohlfs（2001）による補完的なバンドワゴン効果によって論じられている。もう1つは，後発プラットフォーム製品提供者が，開発者や補完業者のコミュニティなどを積極的に支援し，より多くのアクセス可能ユーザーを惹きつけることも重要な施策となる。先行研究では，Gawer & Cusumano（2002）による補完業者の誘引や，DiBona, Ockman & Stone（1999），O'Reilly（1999）によるプログラマーの開発インセンティブ，佐々木・北山（2000）のコミュニティ，末松（2002）のボランティアの求心力などが論じられている。

こういったアクセス可能ユーザー数の増加は，階層間のネットワーク効果を促進する。

第2節　マルチホーミングコスト[1]の低減

ホーミングコストとは，プラットフォーム製品の導入から運用，さらにはその機会コストに至るまで，ユーザーがプラットフォーム製品を使用し続けるための総コストを指す。利用する「家：Home」の数が増えれば，それだけユーザーの総コストは増える。例えば，階層介入型プラットフォーム製品（後述）投入時の，ホーミングコストのマネジメントとしては，マルチ（複数の）ホーミングコストを低く設定して，ユーザーに抵抗なく受け入れてもらえるようにすることが要となる。特に，参入期のクリティカルマスに達しないスタートアップ問題を，これにより回避する可能性を高めることができる。この項目に関する先行研究では，Eisenmann（2010），根来・加藤（2010）によるWTAメカニズムにおけるマルチホーミングコストの重要性が論じられている。

マルチホーミングコストの低減により，参入する隣接プラットフォーム製品が増加することで，階層間のネットワーク効果が促進される。

第3節　隣接対象プラットフォーム製品の多数選定

参入初期の後発プラットフォーム製品提供者にとって，短期間のうちに自社

KEY WORD

キーワード12　アクセス可能ユーザー

　プラットフォーム製品におけるアクセス可能ユーザーとは，プラットフォーム製品を「利用することができる状態のユーザー」のことである。プラットフォーム製品とそれを利用するユーザーは，ネットワーク的なつながりの観点では，「結ばれていてアクセスしている」とみなすことができる。例えば，Ａというゲーム機の本体を購入したユーザーが100人いれば，「100人のＡゲーム機のアクセス可能ユーザー」が存在し，Ｂというゲームアプリを購入したユーザーが300人ならば，「300人のＢアプリのアクセス可能ユーザー」が存在する。Ａゲーム機とＢアプリに互換性がなければ，それぞれのアクセス可能ユーザーは流動性がなく相容れないままであるが，Ａゲーム機とＢアプリに互換性があれば，「Ａゲーム機とＢアプリのアクセス可能ユーザーは（合計）400人」となる。

キーワード13　マルチホーミングコスト

　マルチホーミングとは，ユーザーが複数の家（本書ではプラットフォーム製品にあたる）を並行して使用することであり，利用する家：Homeの数が増えれば，それだけユーザーの総コストは増える。例えば，家を大学のサークルにたとえた場合，複数のサークルに加入すると，年会費や飲み会費など参加し続けるコストが高くつく。ただし，メリットも存在する。利用者は，複数のサークルに加入することで，より多くの出会いの場を利用でき，多くの友人・知人と知り合うきっかけを持つことができることとなる。

　マルチホーミングのメリットが，コスト（デメリット）を上回ると感じる利用者が多ければ多いほど，複数の家を使う利用者は増えることとなる。一方，マルチホーミングコストが高い場合は，１社が市場を独占する傾向が強くなる。

　プラットフォーム製品の市場普及を図ることが必要である。普及に時間がかかりすぎると，既存の先発プラットフォーム製品の巻き返しにより，駆逐されてしまうリスクが高くなるためである。したがって，上下どちらかのオープン性を持つ階層に，できるだけ多くのプラットフォーム製品を選定するか，もしくはすでに高いシェアを有する先発プラットフォーム製品を，できる限り多く隣接対象として選定することが肝要となる。この項目に関する先行研究では，Eisenmann, Parker & Alstyne（2006, 2007）のプラットフォーム包囲ならび

に加藤（2009，2013）のブリッジングの効果が論じられている。

多数のプラットフォーム製品を隣接階層に配することで，後発プラットフォーム製品のブリッジングの影響力は高まる。

第4節　持続的収益確保モデルの遂行

持続的収益確保モデルの遂行は，プラットフォーム製品提供者の存続において不可欠な項目である。ホーミングコストとの兼ね合いで，スタートアップ期，プラットフォーム製品を無料もしくは廉価に提供する場合，何らかの方法で持続的に収益を確保する手段が必要となる。具体的には，複数のプラットフォーム製品をレイヤースタック内に持ち，一方もしくは両方の階層で収益を確保していくことや，ハードを含めた製品エコシステム全体の中で，持続的に収益を確保できる収益モデルを構築できるかが重要となる。この項目に関する先行研究では，根来・加藤（2006，2010）の収益モデルの重要性が論じられている。

加えて，複数階層でのプラットフォーム製品の提供は，「一方向的依存」状態による包囲のリスクの回避策ともなる。

KEY WORD

キーワード14　収益モデル

収益モデルとは，利益を生み出す製品やサービスに関する事業戦略と収益構造を表す言葉である。平たく言えば，「儲けの仕組み」である。

特に，プラットフォーム製品戦略においては，階層単位での収益モデルを設定することが可能である。言い換えれば，「どの階層を無料にして普及を図り，どの階層を有償にして利益を確保するのか」ということが可能となる。プラットフォーム製品提供者は，市場への参入障壁を低くして普及を図るために，無償で自社プラットフォーム製品を提供する場合があるが，持続的な収益確保を考えた場合，他の階層で提供するプラットフォーム製品は有償にするなどの戦略が必要である。

IMPLICATION

インプリケーション1　収益モデルの構築

　すべてのビジネスにおける戦略の根底には「収益の確保」がある。そのため，戦略的な収益モデルの構築が重要である。プラットフォーム製品戦略論において収益モデルを強く意識しているものはEisenmann, Parker & Alstyne（2006）のツーサイド・プラットフォーム戦略論の「課金される（お金を徴収される）側」，「優遇される（お金を徴収されない）側」の考え方がある。グループ間ネットワーク効果を発揮させるには，2つのサイドのどちらかを優遇することで，もう一方の課金されるサイドのユーザーの増加を促すという方法を説明している。典型的な例は，合コン（もしくはお見合いバー）である。女性の参加者の参加料を安く設定することで多くの女性を集め，それに魅かれて男性が高額の参加費を払ってまでも参加してくれる仕組みがこれにあたる。一方，階層での収益を考えた場合，例えばコアとなる技術はクローズドにし，かつ収益階層（課金サイド）に設定する。また，オープンにした階層は非収益階層（優遇サイド）とする等の戦略がある。

　これ以外にも，フリーミアム（Freemium/FreeとPremiumの合体造語）では，オンラインゲームなどで原則無料会員を募って，一部のレアアイテムを有料にする方法，カード会員などで最初の30日間は無料でそれ以降も使い続けると有料となる方法，ベーシックな機能に限定して無料で提供し，拡張的機能は有料にする方法などがある。

Q　こういったサイド（もしくは階層）とフリーミアムとを併用して戦略を策定することで，効果的な戦略を構築できる可能性がある。身近に接する製品やサービスで，持続的な収益確保のビジネスモデルが実践されている事例にはどのようなものがあるか考えてください。

●注
1　マルチホーミングコストに対する用語として，単一の商品やサービスを利用するモノホーミングコストがある。また，スイッチングコストとは，ある商品から他の商品，あるいはあるブランドから他のブランドに切り替えることに伴って発生する費用である。

第5章

推論による
ドミナント化モデルの提示

　前章までで先行研究レビュにより取り上げた，プラットフォーム製品のドミナント化要因と，後発プラットフォーム製品提供者の操作項目は，それぞれどのように関連付けされるのか。これまで先行研究レビュにより，プラットフォーム製品のドミナント化要因として，要因A：階層間ネットワーク効果の効用力，要因B：ブリッジングの影響力，要因C：プラットフォーム製品排除に対する抵抗力，の3つを提示してきた。そして，後発プラットフォーム製品提供者の操作項目として，操作項目①：アクセス可能ユーザー数の増加，操作項目②：マルチホーミングコストの低減，操作項目③：隣接対象プラットフォーム製品の多数選定，操作項目④：持続的収益確保モデルの遂行，を抽出した。本章では，第1節で後発プラットフォーム製品のドミナント化要因と操作項目によるドミナント化の仮説的推論を行い，その関連を第2節でドミナント化のモデルとして提示する。先行研究から導かれた，本書の1つ目のエッセンスとでも言うべき成果のまとめである。

　ここで，プラットフォーム製品のドミナント化要因と，後発プラットフォーム製品提供者の操作項目との関係は，プラットフォーム製品提供者が操作項目をレバー（操作てこ）として働かせることで，各ドミナント化要因が高まり，その作用によって後発プラットフォーム製品のドミナント化の可能性を高めるという関係になる。言い換えれば，要因の度合いは，4つの操作項目をコントロールすることで，高めることが可能である。

　したがって本書では，後発プラットフォーム製品のドミナント化は，4つの

操作項目をコントロールすることで，その可能性を高めることができることを示唆する。

第1節　後発プラットフォーム製品のドミナント化の仮説的推論

◆**プラットフォーム製品におけるドミナント化の可能性と
　ドミナント化要因の仮説**

　プラットフォーム製品における，ドミナント化の可能性とドミナント化要因との関係において，以下のような仮説を提起する。仮説中の（＋）は促進，（－）は抑制を示す。

　　仮説1－1：要因A・要因B・要因Cはプラットフォーム製品のドミナント化要因となる
　　仮説1－2：仮説1－1を前提として，要因A・要因B・要因Cの3つの要因が，それぞれ高く（＋）なる場合にドミナント化の可能性が高まる（＋）

◆**後発プラットフォーム製品におけるドミナント化要因と操作項目の仮説**

　後発プラットフォーム製品における，ドミナント化要因と操作項目の関係において，以下のような仮説を提起する。仮説中の（＋）は促進，（－）は抑制を示す。

　　仮説2－1：後発プラットフォーム製品のドミナント化において，項目①の促進（＋）が要因Aを高める（＋）
　　仮説2－2：後発プラットフォーム製品のドミナント化において，項目②の促進（＋）が要因Aを高める（＋）
　　仮説2－3：後発プラットフォーム製品のドミナント化において，項目③

の促進（＋）が要因Bを高める（＋）
仮説2－4：後発プラットフォーム製品のドミナント化において，項目④の促進（＋）が要因Cを高める（＋）

◇階層間ネットワーク効果の効用力と操作項目
　アクセス可能ユーザー数を増加させるためには，2つの方法がある。1つは，プラットフォーム製品提供者が自らの魅力を高め，多くのアクセス可能ユーザーを惹きつけることである。もう1つは，隣接階層のアクセス可能ユーザーを奪い取ることによって，増加させることができる。よって，より多くのアクセス可能ユーザーをすでに保有している階層と隣接することが重要である。
　マルチホーミングコストを低く設定することは，ユーザーにとって，追加コストを低く抑えることができるという理由で，より導入しやすい環境となる。これにより多くのユーザーが，プラットフォーム製品を選択する可能性が高まる。
　アクセス可能ユーザー数の増加，ならびにマルチホーミングコストの低減は階層間のネットワーク効果の効用力を高めるという影響を及ぼす。

KEY WORD

キーワード15　仮説的推論

　論理的思考法として，一般には，演繹（deduction）と帰納（induction）の2種類がある。しかし，論理的思考には演繹と帰納のほかに，「アブダクション」（abduction）という思考の方法がある。アブダクションは，仮説形成，仮説形成法，仮説的推論，発想推論などと訳され，仮説の構築の際によく使われる手法である。観察された事実の集合から出発し，それらの事実についての最ももっともらしい（蓋然性の高い），ないしは最良の説明へと帰結する。
　特に科学的発見・創造的思考においては，アブダクションが重要な役割を果たすことがある。リンゴが木から落ちるのを見て万有引力の法則（すべての質量を持つ物体は相互に引き合い，天体もまた質量を持つ物体の1つに過ぎないこと）が仮説的に推論されたことなどがこれに当てはまる。

◇ブリッジングの影響力と操作項目

　隣接対象のプラットフォーム製品の選定においては，オープンのインターフェイスをできるだけ多く，かつ広範囲に持つことで，多くのプラットフォーム製品の隣接となる。現実には，ドミナント・プラットフォーム製品から，オープンのインターフェイスを阻害するような行動をとられることもある。そのため，常にオープン性の堅持が重要である。隣接対象のプラットフォーム製品を多数選定すること，これによりブリッジングの影響力を高めるという影響を及ぼす。

◇プラットフォーム製品排除に対する抵抗力と操作項目

　持続的な収益モデルの遂行は，企業の存続能力を高める。これによりレイヤースタック内に居座り，ドミナント・プラットフォーム製品になる可能性を保持することができる。後発プラットフォーム製品は，既存の下位階層のプラットフォーム製品に収益源を断たれ，レイヤースタック内から排除されてしまう状況が想定される。しかし，持続的な収益モデルの遂行は，包囲に対する抵抗力を高めるという影響を及ぼす。

第2節　ドミナント化のモデル

　これまで，後発プラットフォーム製品におけるドミナント化の仮説的推論を行ってきた。本章のドミナント化の可能性とドミナント化要因，ならびに後発プラットフォーム製品提供者の操作項目を図にすると，以下のようになる（図5－1）。先行研究から導かれた，本書の1つ目のエッセンスとでも言うべき成果のまとめである。実線矢印は主となる影響を示し，太い矢印は作用を示す。実線矢印を主として影響と表記したのは，必ずしも矢印の方向のみに影響を与えるのではなく，他の要因へも少なからず影響することもあるということを意味している。

KEY WORD

キーワード16 ドミナント

　ドミナント（dominant）は，本来「支配的な」「優勢な」「優位に立った」という意味を持つ言葉。本書におけるプラットフォーム製品戦略でのドミナント・プラットフォーム製品とは，プラットフォーム提供者と補完業者によって形成されるエコシステム内で，高いシェア（目安としては70％以上）を有し，稼動台数で他に大きな差をつけ，強い市場支配力を持つ，階層ごとに存在し得る1つのプラットフォーム製品のことを指す。ドミナント・プラットフォーム製品は，他の階層への支配力を強く持つことで，価格コントロール力や，業界団体や業界標準化プロセスでの発言力，ならびに販売チャネルへの影響力を持っている。

図5−1●後発プラットフォーム製品におけるドミナント化のモデル

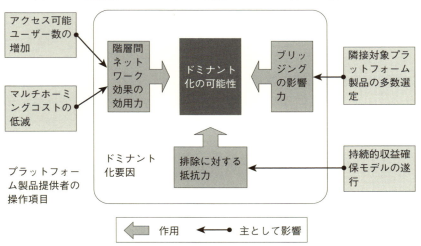

第6章

階層介入戦略と位置付け

　本章では，階層介入戦略とその位置付けについて論じる。第1節で「階層介入」（Layer Intervention）の戦略を定義し，プラットフォーム製品戦略の1つとして，どのように位置付けられるかに関して考察する。まず，階層介入はプラットフォーム製品戦略上の後発プラットフォーム製品の一種であると考えられる。後発のプラットフォーム製品とは，レイヤースタック内において，エコシステムの中心に位置する，いわゆるコアとなるプラットフォーム製品が先発として存在し，その後，そのコアのプラットフォーム製品向けの補完的なプラットフォーム製品が後発で誕生する際，後者を指す。加えて，階層介入型プラットフォーム製品は，その特徴として隣接階層に対してオープンなインターフェイスを確保している。また，先行研究レビューでも触れたように，「同一階層内でのプラットフォーム製品統合」や「隣接階層プラットフォーム製品バンドル」とは異なる，全く新たな階層が介入して，具体的には階層数が変化（増加）して，それによって階層間関係やポジションに影響をもたらすというものである。

　サーバー市場を俯瞰すると，市場の誕生から1社もしくは数社のプラットフォーム製品が市場シェアの大部分を占め，市場の成長とともにドミナントの地位を築く傾向が強い。その際，隣接する補完製品の階層には，数多くのプラットフォーム製品が乱立し存在するようになり，コモディティ化が進行し，隣接する補完製品の階層へのプラットフォーム製品提供者のマージンは圧迫される。

　また第2節では，階層介入の機能と効果について分析する。階層介入は，そ

の機能として，「介入（Intervention）」と，「橋渡し（Bridging）」がある。この機能がもたらす効果として，①アクセス可能ユーザーの流動性の高まり，②同一レベル階層のコモディティ化の促進，③上下階層間の相互インターフェイスの制御がある。

第1節　階層介入戦略の位置付け

　本節では，階層介入型プラットフォーム製品を定義した上で，階層戦略の位置付けを競合関係ならびに補完関係の視点で比較する場合と，プラットフォーム製品統合ならびにプラットフォーム製品バンドル戦略と比較する場合で，階層介入戦略の位置付けに関して論じる。

◆階層介入型プラットフォーム製品の定義

　本書では，階層介入型プラットフォーム製品を以下のように定義する。階層介入型プラットフォーム製品は，以下の3つの特徴を同時に持つ製品である。

① （OSなどの先発プラットフォーム製品に対し）後発プラットフォーム製品である。
② 階層を形成する最初のプラットフォーム製品である。（レイヤースタック内の総階層数は増える。）
③ オープンなインターフェイスを持ち，上下いずれかの隣接階層に複数のプラットフォーム製品を保持し得る。

◆競合関係と補完関係での比較

　本書では競合関係にあるプラットフォーム製品間の戦略を同一（単一）レベル階層戦略と呼び，補完関係にあるプラットフォーム製品間の戦略を複数レベル階層戦略と呼ぶ。それぞれの戦略を比較することにより，本書での階層介入戦略の位置付けを明示する。

表6-1■階層関係視点での分類

階層関係の視点	同一レベル階層戦略	複数レベル階層戦略
PF間の関係	競合関係	補完関係
主戦場	対立する2つのレイヤースタック	1つのレイヤースタック内
具体例	同一階層レベルの既存OSと新OS, 既存アプリと新アプリ	下位階層のOSと隣接する上位階層のアプリ
事例	Windows vs Solarisなど	Windows and Netscape, SMP, Java, VMwareなど

2つの戦略の大きく異なる点は、プラットフォーム製品間の関係が、競合関係であるか、補完関係であるかということである。それにより、競争の場が対立する2つのレイヤースタックであるか、1つのレイヤースタック内で行われるかという分類となる(表6-1)。

◆補完関係における先発・後発での比較

次に、補完関係にあるプラットフォーム製品間で、市場参入の時期にて分類を行う。OSなどの先発プラットフォームに対して、アプリケーションは後発となる。その中で、階層介入型プラットフォーム製品は、隣接階層に対しオープンなインターフェイスを持っていることによって区分される。以下、表にする(表6-2)。

表6-2■補完関係のプラットフォーム製品の分類

参入時期	先発	後発	後発
対隣接階層	オープン	クローズド	オープン
PF間の関係	補完関係	補完関係	補完関係
主戦場	1つのレイヤースタック内	1つのレイヤースタック内	1つのレイヤースタック内
具体例	OS	アプリ	階層介入型PF製品
事例	Windowsなど	Real PlayerのSMPなど	Java, VMwareなど

◆プラットフォーム製品統合とプラットフォーム製品バンドルと階層介入戦略の比較

プラットフォーム製品統合ならびにプラットフォーム製品バンドル戦略との比較を行う。

◇プラットフォーム製品統合事例の概要

コンピュータ産業では，1980年代後半からAT&Tが中心となったUI（Unixインターナショナル）とIBM社が中心となったOSF（オープン・ソフトウェア・ファンデーション）の標準化の2大陣営が生まれることとなる。1980年代後半には，各社の独自Unixが普及していたため，アプリケーションはそれぞれのUnix用に作り込む必要があった。これら亜種のUnixを統合するため実行された施策は，同一レベル階層内でプラットフォーム製品を統合する戦略と理解できる。UIはOSFに対抗して，自らが自社OSを中心に据えて統合化を推し進めた。言い換えれば，クリティカルマスに達しないその他の独自商用Unixを一掃する動きに出た。UI陣営は1989年11月，「UnixシステムVリリース4.0」を完成させ発表する。これは「システムV」「バークレー4.3」「XENIX」を統合したものである（図6－1）[1]。

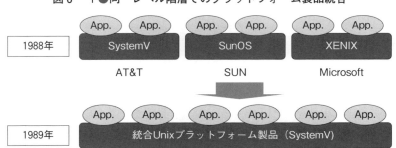

図6－1 ●同一レベル階層でのプラットフォーム製品統合

COMMENTARY

解説3　クロスプラットフォーム化

　ウェブ上のプラットフォーム製品が,アプリケーションを「クロスプラットフォーム化」することによって,ネットワーク効果をレバレッジし,先行しているプラットフォーム製品を凌駕するケースとして,MySpaceからFacebookに多くのユーザーが移行した際のネットワーク効果の状況について考察する。

　2007年の初め,米国SNSで多くの訪問者を集めていたMySpaceは,市場シェアで8割程度の圧倒的な強みを保持していた。しかし,2008年4月,世界中からの利用者数ではFacebookがMySpaceを抜いたとの報道があった。その後,米国のインターネット調査会社comScoreの統計によれば,Facebookが2008年9月に集めた全世界からの訪問者数は1億6,110万で,これに対しMySpaceは1億1,790万であった。Facebookは2007年5月に,Facebookと密接に関連したアプリケーションを開発・公開できる「Facebook Platform」を発表した。外部開発者は,この時公開された専用マークアップ言語の「Facebook Markup」と,以前公開されたAPIを使って,Facebookと連携するアプリケーションやサービスを開発できるようになった。またFacebookサイト内での広告配信やサービスの販売なども認めた。

　これによりFacebookユーザーに対してより多くの機能を提供するとともに,開発者に対しては,新たな収益機会を提供する方向性を打ち出した。

　その後,Facebookは2007年12月には開発者が「Facebook Platform」で構築したアプリケーションについて,Facebook以外のソーシャルネットワークでも利用できるようにすると発表した。この開発アプリケーションのクロスプラ

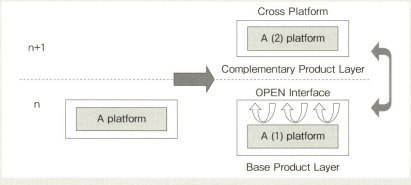

コラム図1●クロスプラットフォーム化

ットフォーム化により，Facebookの標準仕様を採用しているサイトであれば，開発者はFacebook Platform上で開発したアプリケーションを追加作業なしに相互利用可能となり，多くの開発者ならびにユーザーを獲得することでネットワーク効果を増大させることに成功した（コラム図1）。

　これまでFacebookの追撃に甘んじていたMySpaceも，2007年10月に公表されたGoogleの「OpenSocial」に準拠することを表明し，巻き返しを目論んだが，クリティカルマスを超えることは結果としてできなかった。

◇プラットフォーム製品バンドル事例の概要

　1999年から2000年にかけて，ストリーミング・ソフトのプラットフォーム製品提供者として草分け的存在であったリアルネットワークス社は，消費者にSMP（Streaming Media Player）を無償配布し，コンテンツ企業にサーバーを販売していた[2]。リアルネットワークス社は，これによりストリーミング・メディア市場を短期間でほぼ独占し，ドミナント・プラットフォーム製品としてかなりの利益を上げていた。しかしそれ以前の1998年にはマイクロソフト社からの攻撃によって，レイヤースタック内から駆逐されそうな時期があった[3]。当時のマイクロソフト社は市場があると判断すると，水平的に補完業者の市場に侵入することを公然と明言していた。リアルネットワークス社のSMPは，Windowsの補完製品としてパートナー関係を持ちながらも，マイクロソフト社によって駆逐される対象となった。隣接階層のWindowsは，リアルネットワークス社のSMPを入れ子（nested）の状態にしていた。施策は，自分自身の機能にターゲットのプラットフォーム製品の機能をバンドルの状態で結合させる（隣接階層とのバンドル）プラットフォーム包囲である（**図6－2**）。

　プラットフォーム包囲を，ツーサイド・プラットフォームのそれぞれのプラットフォーム製品につながる，課金されるユーザー・グループと優遇されるユーザー・グループで考える場合，図6－2において，プラットフォーム製品Aの課金される側のユーザー・グループは，プラットフォーム製品Bの優遇され

図6−2 ●ユーザー・グループの観点からのプラットフォーム包囲

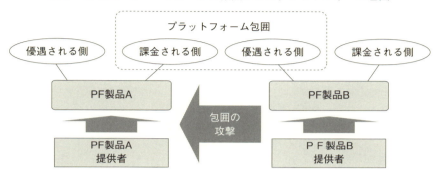

る側のユーザー・グループの包囲によりダメージを受け，プラットフォーム製品Aは，レイヤースタックから排除されるリスクが発生する。

◆戦略の位置付けのまとめ

　同一階層内での「プラットフォーム製品統合」は，具体的には上下の階層を意識せず，同じレベルの階層間での統合を図るものである。また，複数レベルの階層戦略である「プラットフォーム製品バンドル」は，飛躍的なイノベーションや，シュンペーターの唱える創造的破壊を前提としないプラットフォーム・リーダーシップの交代のメカニズムを，バンドルを利用した戦略で捉えたものである。階層介入戦略とプラットフォーム製品バンドル（プラットフォーム包囲）の類似点は，隣接する別の階層を利用し攻撃を仕掛ける点にあるが，プラットフォーム包囲は，隣接する既存の別レベルの階層とバンドルする（階層自体を増加させるものではないが，2つの階層を束ねる）ことによって包囲の攻撃を与えるものである。これらに対し，階層介入戦略は，隣接する別レベルで新たな階層を階層外から介入させる（階層数を増加させる）ことにより，階層間のプラットフォーム製品競争へ影響を与えることが可能な戦略である。

　まとめとして，本節ではプラットフォーム製品統合や，プラットフォーム製品バンドルとの比較を通じて，階層介入戦略の位置付けを行った。具体的には，

IMPLICATION

インプリケーション2　ツーサイド・プラットフォーム戦略の実践

　Eisenmann, Parker & Alstyne（2006）によると，PCやビデオゲーム，携帯電話を見ると，異なる2種類のユーザー・グループが存在しており，それぞれバリューチェーンと収益構造が異なっている。このような製品やサービスは，ある共通の取引基盤を提供し，ユーザー・グループに参加の資格を与えるという仲介業者のような役割を担っている。クレジットカード，ショッピング・モールや複合施設，マスメディア，ポータルやオークションサイトなども，同じ構造である。このような事例は，ツーサイド・プラットフォームと呼び，以下のような特徴と課題を持っている。

1）収穫逓増の法則
　1面的な市場をターゲットにした製品やサービスは，事業が拡大していくにつれ，ある時点から「収穫逓減」の法則が働く。しかし2面的な市場のネットワーク効果が働く場合は，「収穫逓増」となる。数が増えれば，利益は乗数的に増えていく。ユーザーはより規模の大きいネットワークに多くの対価を払う傾向があるため，ユーザー基盤の拡大につれ収益も拡大可能である。

2）ネットワークの2面性の力学
　ネットワークの2面性を特徴とする市場における取引には，常に三者関係が必要となる。またネットワーク効果はサイド内とサイド間の2種類を考慮する必要がある。

3）提起する3つの課題
　市場の2面性にまつわる課題にどのように取り組めばよいかについて，ツーサイド・プラットフォーム戦略では3つの課題を提起している。第1の課題は「プライシング」，第2の課題は「1人勝ちの力学」，そして第3の課題は「包囲の危機」である。

　プラットフォーム製品の拡販を担当する戦略策定者にとって，多面的市場における製品戦略により，短期間で市場に普及を図り，クリティカルマスを確保することが重要な課題である。図はツーサイド・プラットフォーム戦略を表したものである（コラム図2）。

　Eisenmann, Parker & Alstyne（2006）の中で紹介されているツーサイド・プラットフォームの事例には次のようなものがある（コラム表1）。

コラム図2 ●ツーサイド・プラットフォーム

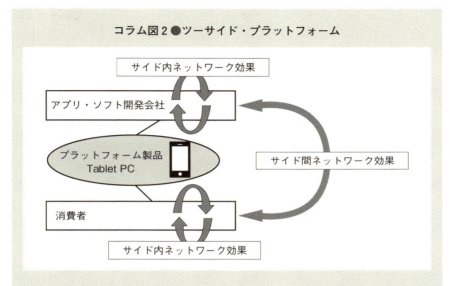

コラム表1 ■ツーサイド・プラットフォームのユーザー・グループ

プラットフォーム製品	ユーザー・グループ① (優遇されるサイド)	ユーザー・グループ② (課金されるサイド)
PC OS	アプリ開発者	消費者
ゲーム	プレイヤー	ゲーム開発者
オンライン求人	求職者	雇用主
イエローページ	消費者	広告主
ネット広告	検索者	広告主
支払システム	カードホルダー	卸売商
ショッピング・モール	買い物客	小売店

Q 身近にあるツーサイド・プラットフォームの事例をいくつか挙げて，課金される側，優遇される側がどのように設定されているか分析してください。また，ツーサイド・プラットフォームの原理を使った，新たな効果的なビジネスを考えてください。

プラットフォーム製品統合は単一レベルの階層戦略で，プラットフォーム製品バンドルは複数レベルの階層戦略であるが，レイヤースタック内の階層数は変わらない。これに対し，階層介入戦略は単一レベルの階層戦略もしくは複数レベルの階層戦略で，階層の数が変化するものであることを指摘した。

　プラットフォーム製品統合は単一レベルの階層戦略で，レイヤースタック内の階層数は変わらない。また，プラットフォーム製品バンドルは複数レベルの階層戦略で，レイヤースタック内の階層数は変わらない。これに対し，階層介入戦略は単一レベルの階層戦略もしくは複数レベルの階層戦略で，階層の数が変化するものである。これら2つの階層戦略と階層介入戦略を分類すると，以下のような表にまとめることができる（表6－3）。

表6－3■統合・バンドル・介入の分類

	階層数不変	階層数変化
同一レベル階層戦略	プラットフォーム製品統合	階層介入
複数レベル階層戦略	プラットフォーム製品バンドル	

KEY WORD

キーワード17 **サイド内・サイド間ネットワーク効果**

Eisenmann, Parker & Alstyne (2006) は，ツーサイド・プラットフォーム戦略におけるサイド内・サイド間ネットワーク効果を，以下のように説明している。ネットワークの2面性を特徴とする市場における取引には，常に三者関係が必要となる。また，ネットワーク効果はサイド内とサイド間の2種類を考慮する必要がある。サイド内ネットワーク効果とは，ユーザーの数が増えると，そのユーザーが属するグループにとって，プラットフォーム製品の価値が向上あるいは下落する現象を表す。また，サイド間ネットワーク効果とは，片方のユーザーが増加すると，もう片方のユーザー・グループにとってプラットフォーム製品の価値が向上あるいは下落する現象である。

第2節　階層介入とその効果

本節では，階層介入による「介入 (Intervention)」と「橋渡し (Bridging)」の機能が，どのような効果を持つか論じる。

階層介入戦略は，上下に隣接する2つのプラットフォーム製品の間に，新たなプラットフォーム製品として後から介入する（図6-3）。後から介入するためには，上位層もしくは下位層にオープンなインターフェイスを確保し続け

図6-3 ●階層の介入

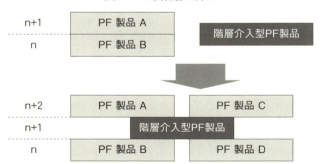

ることが必要である。仮に上位層にも下位層にもオープンなインターフェイスがない場合，後からの介入は困難となる。また介入によって論理上の総階層数は，レイヤースタック内で増加することが特徴である。

〈図6－3の説明〉
　図6－3は，nレベル階層にあるプラットフォーム製品Bと，n＋1レベル階層にあるプラットフォーム製品Aの間に介入階層が介入する前と後を図として表現したものである。n＋1レベル階層への介入階層の介入により，それまでn＋1レベル階層にあったプラットフォーム製品Aは，n＋2レベル階層へ変更となる。同時に，nレベル階層にあるプラットフォーム製品Bは，同一レベル階層にあったプラットフォーム製品Dと介入階層により橋渡しされた。また，n＋2レベル階層のプラットフォーム製品Aは，同一レベル階層にあるプラットフォーム製品Cと橋渡しされた。

ソフトウェア・レイヤースタックの階層間に「介入（Intervention）」し，「橋渡し（Bridging）」を行う機能は，既存の階層間関係や階層内でのポジションを変化させてしまう可能性を持つ。介入による影響は，各階層が保有するアクセス可能ユーザーの流動性を高め，同一階層レベルでのプラットフォーム製品の選択必然性を弱める。アクセス可能ユーザーの流動性の高まりは，相互接続で増加するアクセス可能ユーザーが必ずしも自社プラットフォーム製品の使用に結び付かない可能性につながる。よって，自社以外の隣接プラットフォーム製品にユーザーの多くを横取りされ，結果として他プラットフォーム製品が選択されてしまうことが起こり得る。また，このプラットフォーム製品の選択必然性の弱まりは，同一レベル階層でのプラットフォーム製品のコモディティ化を誘発する。加えて，上下階層をセットにした垂直統合の収益モデルを変化させる可能性が生じる。

　以下，それぞれの効果に関して詳しく説明する。

◆アクセス可能ユーザーの流動性の高まり

1つ目の効果は,「橋渡し」機能が起因し,各階層が保有するアクセス可能ユーザーの流動性が高まることである。

一般に,ネットワーク効果は,「ある製品から得られる便益が,当該製品のユーザーが増えるに従って増大する性質」と捉えられるが,その性質はエンドユーザー(B to Cユーザー)に適用される。しかし,補完製品(補完階層)を考慮した間接的なネットワーク効果を考える場合では,より魅力的なプラットフォーム製品に惹かれ,ユーザーのアクセスが特定のプラットフォーム製品に偏ってしまうことにより,相互接続で増加するアクセス可能ユーザーが,必ずしも自社プラットフォーム製品の利益に結び付かない現象が起こり得る。

言い換えれば,介入階層の相互接続が必ずしも自社プラットフォーム選択に利益をもたらさず,自社以外の隣接プラットフォーム製品にユーザーの多くを横取りされてしまう。結果として他プラットフォーム製品が選択されてしまうことが起こり得る(図6－4)。

図6－4●アクセス可能ユーザーの流動性

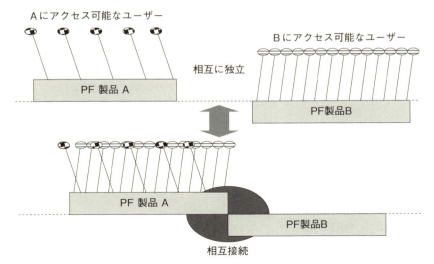

〈図6－4の説明〉

　図6－4は，プラットフォーム製品Aのアクセス可能ユーザーと，プラットフォーム製品Bのアクセス可能ユーザーが，相互接続する前と後でどのような変化をするのかを図として表現したものである。プラットフォーム製品Aのアクセス可能ユーザーと，プラットフォーム製品Bのアクセス可能ユーザーは，相互接続する前はそれぞれのプラットフォーム製品にのみアクセス可能であった。相互接続後は，プラットフォーム製品Aのアクセス可能ユーザーはプラットフォーム製品Bに，プラットフォーム製品Bのアクセス可能ユーザーはプラットフォーム製品Aにもアクセス可能となる。これによって，極端な例としては図6－4で示されるように，両プラットフォーム製品すべてのアクセス可能ユーザーがプラットフォーム製品Aに集中してしまうことも起こり得る。

◆同一レベル階層のコモディティ化の促進

　2つ目の効果も，主に「橋渡し」機能が起因し，同一レベル階層でのユーザーのプラットフォーム製品の選択必然性を弱める。ひいては，同一レベル階層に存在するすべてのプラットフォーム製品がコモディティ化を誘発される（**図6－5**）。また，排他性が強いプラットフォーム製品が存在する場合は，その

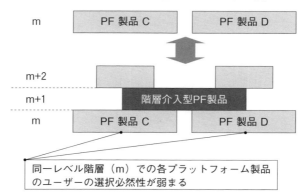

図6－5 ●同一レベル階層でのコモディティ化

排他力を弱められてしまう。

これにより，介入階層の橋渡し機能によって，WTA（勝者総どり）[4]の傾向が弱められ，複数の隣接プラットフォーム製品が共存（延命）する現象が起こりやすくなる。

〈図6－5の説明〉

図6－5は，mレベル階層にあるプラットフォーム製品Cとプラットフォーム製品Dの上位階層に，介入階層が介入する前と後を図として表現したものである。m＋1レベル階層への介入階層の介入により，mレベル階層にあるプラットフォーム製品Cと，プラットフォーム製品Dはコモディティ化する状況となる。同様にm＋2レベル階層にあるプラットフォーム製品もコモディティ化の状況となる。

IMPLICATION

インプリケーション3　ドミナント化とコモディティ化のコントロール

プラットフォーム製品の階層において，ドミナント化とコモディティ化は表裏一体の関係をもっている。例えば，ある階層でドミナント化が進行すると，その上や下の隣接階層ではコモディティ化が進行しやすくなる。

戦略策定上，コモディティ化の罠に落ちることを避けるためにアップルがとった実際の戦略の事例を説明してみよう。

アップルのスティーブ・ジョブズCEO（当時）は2008年に，アドビの提供するモバイル向けFlash Playerについては，iPhoneではサポートしないと発表した。理由としては，Flash Playerはモバイルには重過ぎ，セキュリティに問題があるとのことだが，理由はそれだけではないと考えられる。iPhoneやiPodが成功した理由の1つは，アップルのiTunesを核とするクローズドな独占的コンテンツの配信と販売にある。ところがFlash Playerは，iPhone以外のスマートフォンのOSであるAndroidやSymbianとクロスプラットフォーム関係を築き，アップルのデバイスとOSと動画や音声のファイルを再生するためのメディア・プレイヤーの3つが合わさって形成された，本来の独占販売モデルなどをバイパスする手段を提供してしまう。つまり，コンテンツを提供するプラ

ットフォーム製品として見た場合，Flash PlayerはiTunesと競合になる立場であることは否めない。

　現時点ではまだ明らかでないが，今後アドビがFlash Playerの機能として，Flashと連動した音楽や映像の配信サービスを始める可能性もある。インストールド顧客に対してアップデートという形態で機能を拡張できるFlash Playerを自社製品のレイヤースタック内に補完製品として取り入れてしまうと，iPhoneが単なるFlash再生のためのデバイスとなり，せっかく築いたアップルのiTunesを核とするクローズドな独占的コンテンツの配信と販売の仕組みの優位性が失われてしまう可能性がある。

　言い換えれば，顧客が自分の製品を選んでくれる「選択必然性を発生させるクローズドな状況（＝Only one状態）」が，補完製品によって「多くの中の１つの選択肢（＝One of them状態）」に，させられてしまうリスクが生じるのである。iTunesとiOSと内製デバイスの抱き合わせによって目論むドミナントの地位を，補完製品であるFlash Playerに奪われ，iPhoneがコモディティ化してしまうというリスクをジョブズは避けたかったに違いない。

　インターフェイスをオープンにするかクローズドにするかという点は，プラットフォーム製品戦略上大きな意味を持つ。iPhoneの例のように，インターフェイスがオープンであるにもかかわらず，実質上，特定の補完製品のみにユーザーの選択肢が限定される可能性が高い場合は，その階層の製品をクローズドにして内製（自社で供給）するか，引き続きオープンにして外製（補完業者から供給）するか，難しい決断に迫られる。補完業者のプラットフォーム製品を，自らがドミナントになるための踏み台にしようとしたが，逆に補完業者に踏み台にされてしまわないよう，戦略策定者はこの点を十分に配慮して策定をすることが必要となる。

Q　iPhoneにおけるアドビのFlash Playerのように，プラットフォーム製品で，オープンからクローズドへ舵を切った戦略の遂行の事例を，見つけて分析してください。また，その逆のクローズドからオープンへ戦略変更した事例も見つけ，分析してください。

◆上下階層間の相互インターフェイスの制御

　３つ目の効果は，主として「介入」機能が起因し，既存の上下階層の直接的

な情報のやりとりを制御することである。

　通常，隣接する上下階層間では，2つの階層間で直接の情報のやりとりが行われている。しかし，階層が介在することで，それまでの上位階層と下位階層の直接のやりとりはできなくなる。つまり上位階層は介入階層と，下位階層は介入階層とのやりとりとなる。言い換えれば，常に介入階層を通じなければ情報のやりとりは困難となる。これにより，介入階層が上下の階層とのインターフェイスを制御することが可能となる（図6－6）。例えば，隣接するプラットフォーム製品の一部に多くの情報を与えたり，与えなかったりというような制御があり得る。

　加えて，仮に既存の上下階層の垂直統合状態が存在する場合，それらを分断し，競合にダメージを与えるようなことが可能となる。

〈図6－6の説明〉
　図6－6は，nレベル階層にあるプラットフォーム製品Bと，n＋1レベル階層にあるプラットフォーム製品Aの間に，介入階層が介入する前と後のそれぞれのインターフェイスの変化を図として表現したものである。n＋1レベル階層への介入階層の介入により，それまでnレベル階層にあったプラットフォーム製品Bと，n＋1レベル階層にあったプラットフォーム製品Aの間で直接のやりとりが可能であった。しかしn＋1レベル階層への階層の

図6－6●上下階層のインターフェイスの制御

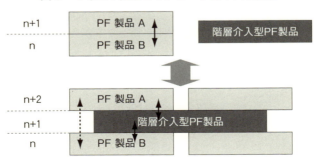

介入により，プラットフォーム製品Aはプラットフォーム製品Bとの直接のやりとり（破線両矢印）は不可となり，常に介入階層を介してのやりとりとなる。

◆階層介入効果のまとめ

これまで論じてきた「介入（Intervention）」と「橋渡し（Bridging）」による効果，ならびに想定される現象をまとめると以下のような表となる（表6－4）。

表6－4■階層介入の機能・効果・想定される現象

機　能	効　果	想定される現象
介入（Intervention） 橋渡し（Bridging）	アクセス可能ユーザーの流動性の高まり。	PF製品選択限定性の緩和。 アクセス可能ユーザーの横取りによる他PF製品の選択。
	同一レベル階層のコモディティ化の促進。	PF製品提供者のマージンの減少。 既ドミナントPF製品の排他性の抑制。 隣接PF製品の延命。
	上下階層のインターフェイスの制御。	隣接する特定PF製品の優遇もしくは冷遇。 既垂直統合状態のPF製品間の分断。

KEY WORD

キーワード18　エコシステム

　エコシステムとは本来，生物とその環境の構成要素を1つのシステムとして捉える「生態系」を意味する科学用語であるが，ビジネスにおいてのこの言葉は，「産業生態系」という意味で用いられる。具体的には，コアとなるプラットフォーム製品提供者とその補完業者，そしてユーザーが結びつき，共に成長していく1つのシステムを指す。例えば，スマートフォンのOSには「iOS」「Android」などがあり，その上で走るアプリケーション開発者とハードウェア提供者とそれらに関連するさまざまな補完製品の提供業者の結びつきによって，1つのシステムが出来上がっている。それらは時に競争し，協業し合いながら，産業として生態系を成している。エコシステムを形成するためには，プラットフォーム製品提供者が自社だけでなく，自社を取り巻くさまざまな補完業者との協業体制を構築し，互いの力を生かして全体の利益を考えながら製品やサービスを普及・発展させていくことが大切である。

●注
1　ホール・バリー（1991），p.160参照。
2　Eisenmann, Parker & Alstyne（2006），（邦訳）p.100参照。
3　同上。
4　Winner-Take-Allの略。詳しくは，根来・加藤（2010）を参照されたい。

解説③　クロスプラットフォーム化　の参考文献
参照URL　すべて2008/11/04閲覧
http://jp.techcrunch.com/archives/20081029facebook-widens-the-gap-with-myspace-internationally/
http://internet.watch.impress.co.jp/cda/news/2007/05/28/15849.html
http://japan.internet.com/webtech/20071214/11.html
http://japan.internet.com/wmnews/20071102/12.html
http://japan.cnet.com/news/media/story/0,2000056023,20351065,00.htm
http://japan.internet.com/webtech/20071214/11.html

第7章

階層介入の事例研究

　本章では，階層介入の戦略を具体的に理解し，先行研究レビューで導出した仮説的推論を確認する。加えて，プラットフォーム製品提供者の操作項目における共通点・相違点を明らかにした上で，戦略上の示唆を得ることを企図し，2つの事例研究を行った。

　1つ目のプラットフォーム製品による階層介入の事例として，コンピュータ言語のJavaを取り上げる。1995年からサン社はJavaを市場に投入する[1]。Javaは下位層（ここではOS階層）に対してオープン（WORA：Write Once Run Anywhere「一度書けばどこでも動く」後述**キーワード20**を参照）を標榜し，積極的に共同開発やライセンス契約という形態で仲間づくりを推進する。それにより，オラクルやモトローラやIBM社などとの間でJava陣営を形成することに成功した[2]。Javaは，サン社の商用OSのSolaris（Unix）やオープンソースのLinuxなどのOSと，マイクロソフト社のWindows（サーバー/クライアント）の間を，階層で橋渡しを行った。サン社はJava自体からの収益はほとんど期待せず，その宣伝効果によるブランド力の向上や，賛同してくれる企業数のアピールによるマーケティング効果などによって，商用OSやハードウェアなど補完製品の売上から収益を確保した。

　第1節では，Javaの事例の考察として，最初に多面的に事実内容の説明を行い，事例として選択した理由ならびに前述したプラットフォーム製品提供者の4つの操作項目の観点で分析を行った。加えて，階層介入前と後に関して，

階層間関係とポジションの変化について考察を行った。

　もう1つのプラットフォーム製品による階層介入の事例として，ヴイエムウェア社によって2001年から提供されているVMware（具体的にはVMware ESX・ESXi[3]，ベアメタル型[4]のハイパーバイザー[5]でサーバーの仮想化[6]階層を形成するソフトウェア）を取り上げる。VMwareによって創られる仮想化階層上では，WindowsやLinuxといった異なる種類のOSを走らせることができる。サーバー仮想化の歴史は古く，IBM社のメインフレーム用にリリースしたSystem/360[7]向けのOS[8]にまで遡る。スタンフォード大でヴイエムウェア社の創業者の1人でもあるメンデル・ローゼンブラム（Mendal Rosenblum）准教授のグループが，メインフレームで行っていた技術をx86CPU[9]のシステムに応用した。この技術が確立し製品化のめどが立って，ヴイエムウェア社は1998年，シリコンバレーでスタンフォード大とUCバークレーの5人の研究者によって設立された[10]。

　第2節では，VMwareの事例の考察として，多面的に事実内容の説明を行い，事例として選択した理由，プラットフォーム製品提供者の4つの操作項目の観点で分析を行った。その上で，階層介入前と後に関して，階層間関係とポジションの変化について考察を行った。

　第3節では，操作項目の観点で両事例をまとめ，共通点，相違点について整理を行った。

第1節　Java事例の考察

　Javaは，クロスプラットフォーム機能を有するプラットフォーム製品である。クロスプラットフォーム製品とは，通常，複数のプラットフォーム製品上で使用できる製品やサービス[11]を指すが，Javaの場合はJava言語によって開発されたアプリケーション（JavaアプリケーションやJavaアプレット[12]）がそれにあたる。

KEY WORD

キーワード19　IoT

　IoT：Internet of Things（モノのインターネット）とは，「あらゆるモノがインターネットに接続する可能性を持つ状態」を言う。具体的には，世の中に存在するさまざまなモノに通信機能を持たせ，インターネットに接続し相互に通信することにより，これまで困難であったようなことが実現容易になる。一例として，モノに取り付けられたセンサーが人手を介さずにデータを収集し，例えば，自動認識や自動制御，遠隔計測など，インターネット経由で利用ができるようになる。さまざまなモノ，機械，人間の行動や自然現象などから得られる膨大な情報を収集して可視化することで，これまでは難しかった，機器監視，スマートアグリ，ヘルスケアなどさまざまな分野の問題を解決することが容易となる。

　例えば，シリコンバレーのエンジニア数名により，2003年に設立されたテスラモーターズでは，テスラ製自動車が修理の必要が生じた際，自動的に修理用のソフトウェアのダウンロードを要請するか，移送サービスのメッセージをオーナーに通知する仕組みが整えられている。

　ちなみに同じシリコンバレーで生まれたサン社のBill Joyによって提唱されたJiniはネットワーク・コンピューティング環境を実現するためのものであった。JiniはJavaをベースにしてあらゆる機器をネットワークに接続する技術の総称で，IoTを実現するための先駆けと言える。Java仮想マシンさえ搭載していればJiniを利用できるので，カーナビや電子レンジのような家電製品までネットワークに組み込むことができる。

　Javaを世に出すという方向性をサン社が決定したのは，1994年の春にタホ湖の近くで行われた会議[13]であったと言われている。その会議の参加者は当時のサン社の幹部6人であったが，それまでグリーン・プロジェクトとして開発してきたOAK[14]をJavaとして再デビューさせることとした。この時点で開発のためにすでに1億7,500万ドル[15]を投資していた。サン社内には全く利益を生み出していないプロジェクトに対する風当たりは強かったが，そこにいたメンバーはインターネット・ブームが現実になることを読み取って勝負に出ることにした。

　Javaは，すべてのOSに対してJava仮想マシン（JVM：Java Virtual Machine）という環境を備えることで，どのOSの仮想マシンを使っていても，

その上で同一のJavaのアプリケーションが動くようにする仕組みを持っている。この特徴を標榜し，Java陣営はこれまで多くの企業と共同で開発を進め，システムの実装では競合関係にある企業同士であっても協力し発展させてきた歴史がある。

◆Javaとは

Javaは，サン社が開発した言語である。オブジェクト指向[16]を備え，ネットワーク環境で利用されることを強く意識した仕様になっている。Javaで開発されたソフトウェアは特定のOSやチップに依存することなく，基本的にはどのようなOS上でも動作する。Javaで記述されたソースコードは，コンパイル時にJavaバイトコードと呼ばれる中間コードにいったん変換される。ソフトウェアはバイトコードの状態で配布され，実行時にはJava仮想マシンと呼ばれるソフトウェアによって，実行するプラットフォーム製品に対応した形式（ネイティブコード）に変換され，実行される。プラットフォーム製品間の違いはJava仮想マシンが吸収するため，開発時にはプラットフォーム製品の違いを意識しなくて良い。

利用するユーザーにとってJavaにより可能となるものは，アプリケーション・オン・デマンド[17]とも呼ぶべき形態である。必要なときにだけネットワークを介してアプリケーションをダウンロードし，自動的に実行するという仕組みは，ユーザーにメリットがあるだけでなく，ソフトウェア提供にとって低コストで製品やサービスを提供できる有力な手段となる。通常は，ユーザーにネットワークを介して製品やサービスを提供するには，システムの違いが障害となり容易に提供できないことが想定される。しかし，このJavaを利用することにより，そういった障害は減少する。

Javaを開発したサン社は，Javaに対してオープンな互換性を堅持していくというコミットメントを宣言した。その結果，発表当時から一貫して提携先であり，また補完業者であるソフトウェア企業各社に対して，約束したことを守り続けることになった。最も重要な約束は「Write Once, Run Anywhere.（一

度書けば，どこでも動く）」という特性である。言い換えれば，「JavaはOSの種類に縛られないものであり，ネットワークを介してどこでも動く」という約束である。

　この約束履行の一環として，サン社は1996年「100％ Pure Java認定プログラム」[18]を発表し，翌年より認定制度をスタートさせた[19]。一方，補完業者であるソフトウェア会社は，Java関連製品を推進していくにあたって，人員や開発ツールなどを先行投資するというリスクを負っている。その背景にはJavaに対する大きな期待があった。それはサン社が描くようなネットワーク・コンピューティングの世界が実現し，Javaへの投資が自社の成長につながり，投資に対するリターンが将来返ってくるという期待である。この認定プログラムは長期的にJavaのオープン性を守り，パートナーであり補完業者であるソフトウェア会社が，将来自分たちが活躍するフィールドを狭められることのないようにする上で重要な役割を持っていた[20]。

Java言語の利用による主なメリットとして，以下が挙げられる[21]。
① Java仮想マシンがインストールされていれば，Javaアプレットはどの OSでも実行することができる。クロスプラットフォームの実現。
② コンポーネント・レベルのオブジェクト・プログラミングに対応した言語である。コンポーネントの再利用と組み合わせによる開発の生産性向上が見込まれる。
③ ネットワーク上の任意の位置から動的にアプリケーションをダウンロードして利用可能。アプリケーションの集中管理による管理コスト削減。クライアントサイドではシンクライアント[22]の利用によるセキュリティ向上と管理コストが低減できる。

　図7－1は，Javaのクロスプラットフォーム機能により，WindowsとUnixの間を橋渡ししている状況を図にしている。それぞれのプラットフォーム製品は補完業者を誘引し，エコシステムを形成している。競合関係にある

図7-1 ● Javaによるクロスプラットフォーム

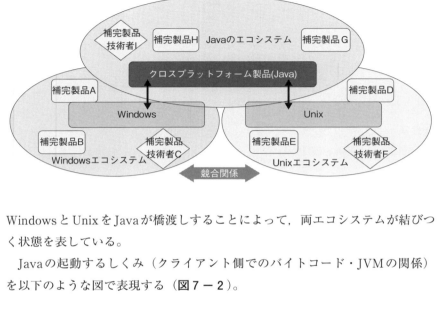

WindowsとUnixをJavaが橋渡しすることによって，両エコシステムが結びつく状態を表している。

Javaの起動するしくみ（クライアント側でのバイトコード・JVMの関係）を以下のような図で表現する（**図7-2**）。

図7-2 ● Javaアプレットの起動するしくみ[23]

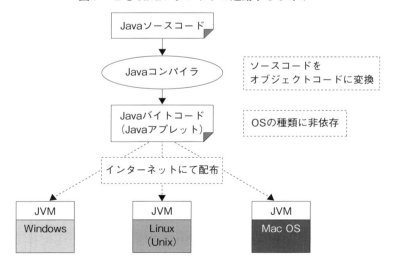

Javaをコンパイルすると，そのソースコードがOSの種類に依存しない形式の中間コード（バイトコード）に変換される。その中間コードをJava仮想マシンと呼ばれるインタープリターで実行する。このJava仮想マシンが機種の違いを吸収してMacintoshやUnix，Windowsといった異なるOS上でも同じJavaアプレットの実行が可能となる。

　1995年秋，米国コロラド州アスペンで会議が行われ，1997年2月に登場するJava開発キット（JDK）1.1のアーキテクチャと製品戦略について打ち合わせが行われた[24]。この会議はJavaをホームページのアニメ言語からさまざまな世界でソリューションを促すプラットフォーム製品に成長させる機会となった。内容はビジネス市場を明確に意識したもので，ネットワーク，セキュリティなどに対応する課題に加えて，JavaをしっかりQ定義するためのコアとなるAPI[25]の開発プロセスを他社と共同して行うことになった[26]。

　具体的にはGUI[27]に関してはアップルやネットスケープと共同で，2次元グラフィックスに関してはアドビ（Adobe）と共同で，3次元グラフィックスに関してはSGI社[28]と共同で，データベースのストアードプロシージャーのJavaによる標準化はオラクル，IBM社，タンデム，インフォミックス，サイベースと共同で行うことに合意[29]した。また，当時影響力が強い競合の1社であったIBM社と提携して，Javaへの共同の取り組みを行った。IBM社は，異なるサーバー用のプラットフォーム製品を抱え，サンと競合する立場であったが，クロスプラットフォームとインターネットを即戦力化できる技術の点でJavaを評価し，同社のe-ビジネスの戦略的土台に据えた[30]。自社が開発した技術でないJavaをIBM社が率先して採用したことは，当時としては画期的な出来事であった。

　2000年にIBM技術アカデミーのプレジデントになったイアン・ブラッケンベリー（Ian Brackenbury）は「（Javaの）活動を始めた頃は，殺されるかも知れないと思いましたが，今はもうJavaが当たり前です。IBM社にとって，JavaとCORBA[31]を連携させることは重要であり，JavaのAPIはIBM社のミドルウェア戦略の一環になりました」と語っている[32]。

加えて，サン社の創業者スコット・マクニーリ（Scott MacNery）は，オラクルのラリー・エリソン（Larry Ellison）を，早速Javaの仲間に引き入れた。エリソンは，1995年頃からネットワーク・コンピューティング構想を提唱し，それ以後Webブラウザーからデータベースを利用可能にするため，Javaを自社のデータベースに統合する努力を一貫して続けていくこととなった。ラリー・エリソンは「オラクルはJavaのデバッグで最大の貢献をしている」と，その取り組みをユーザー・カンファレンスで皮肉交じりにしばしば語っている[33]。

　オープンな経営を標榜していたサン社は，IBM社やオラクル以外にも多くの補完業者と積極的に手を組み，補完製品としてのJavaの普及を推進することで新たな市場創造の戦略を選択した。主要な補完業者と提携した分野には，ビジネス・アプリケーション，デスクトップ・アプリケーション，システム・インテグレーション，OS，スマートカード，通信機器，情報家電など多岐にわたった。Shapiro & Varian（1999）は，消費者が新しいテクノロジーに手を出すか出さないかを決める重要なファクターに期待感があると論じているが，Javaに関して「サン社はJavaを支持してくれる味方の集め方が，例えばJavaを支持する企業をリストアップした全ページ広告を出すなど，非常に明快だった。サン社のこのやり方は，ネットワーク外部性が強力な市場において，期待感の醸成がいかに重要かを教えてくれる」と指摘している[34]。

　また「オープンな経営」を標榜していたサン社は多くの補完業者と積極的に手を組み，Javaの普及を推進していった。表7－1は，Javaにおける陣営形成のため主要補完業者（ISVs[35]・SIer）との提携などを表にしたものである。

　表7－2は，主要補完業者（チップベンダー・通信機器ベンダー・情報家電メーカー・スマートカードベンダー）との提携などをまとめたものである。

第7章 階層介入の事例研究

表7－1■主要補完業者（ISVs・SIer）との提携[36]

分　野	補完業者	提携分野
ビジネス・アプリケーション・ソフト	オラクル SAP	Javaベースに対応したERPパッケージの提供。
	IBM	Enterprise Java Beansの開発と提供。
デスクトップ・アプリケーション・ソフト	ネットスケープ	Javaに対応したブラウザーの提供。
	ロータス	表計算・文書作成ソフトの開発と提供。
SI（システム・インテグレーション）	NTTデータ 日本総研	Javaを使ったビジネスソリューションの提供。

表7－2■主要補完業者（チップベンダー・通信機器ベンダー・情報家電メーカー・スマートカードベンダー）との提携[37]

分　野	補完業者	提携分野
OS	NCR インテル 富士通	64ビットMPUへのSolarisの採用ならびに共同開発。
	IBM	NC向けJavaOSの開発ならびに製品の提供。
スマートカード	VISA	スマートカード規格へのJavaの採用。
	シーメンス	Javaを採用したスマートカードの生産。
通信機器	モトローラ NEC 富士通 IBM	Java規格を利用した各種端末の開発と製品化ならびに販売。
情報家電	NEC 三菱電機	Javaを利用した情報家電の開発ならびに提供。
	SONY	情報家電分野でのJavaの採用。
その他	松下電送	カラーファクシミリへのJavaの採用と製品提供。

◇Javaデビューの経緯と歴史

　Javaが誕生するきっかけは，1990年に入社3年足らずの25歳のプログラマーであったパトリック・ノートン（Patrick Naughton）がサン社を辞めたいと申し出たとき，CEOのマクニーリが「辞める前にサン社のまずいところを書き出してくれないか。それに，問題点を挙げるだけではなくて解決策も教えて欲しい。自分が神様になったつもりで，君だったらどうするか教えてくれないか」[38]と依頼した一言が始まりと言われている。翌朝彼は，この問いに答える12ページに及ぶ改善提案のメールをマクニーリに送ったところ，マクニーリはそのメールを管理部門の全員に送り，新たなプロジェクトを，そのメールの指摘する問題意識からスタートさせた[39]。ただし，初期のサン社のビジネス的な成功により生まれてきた社内の保守的な気運が，この革新的なアイデアを潰してしまうことを恐れ，プロジェクトの使命はサン社の最高首脳以外には秘密にされた[40]。このプロジェクトは「Green」というコードネームで呼ばれ，サン社の敷地の外にオフィスを借りてプロジェクトルームとした。初年度の予算は100万ドル[41]であった。

　その後，グリーン・プロジェクトから「Beyond the Green Door（緑のドアを越えて）」という企画書が1990年12月に出された[42]。サン社の幹部であったジェームズ・ゴスリング（James Gosling）が開発したJavaの前身となるプログラムがOAK[43]と命名されたのは1991年8月であった[44]。OAKの当面の売り込み先は，三菱電機とフランス・テレコムとした。三菱電機は，産業オートメーションからチップまで製造販売を行っており，フランス・テレコムの電話ベースのマルチメディア端末の制御にOAKは最適であると思われた[45]。しかし，これらの企業は自社製品の付加価値を高める1部品に，数ドル以上のコストをかけることには積極的ではなかった。次にOAKの売り込み先として，インタラクティブ・テレビ用のセットトップ・ボックス事業に目をつけた。ワーナーのサーバーと家庭のセットトップ・ボックスが生み出すネットワーク上を行き来するデータを，総合的にOAKがコントロールするのが適していると考えた[46]。しかし，ワーナーは，サン社のライバルであったSGI社に白羽の矢を立

KEY WORD

キーワード20　WORA

"Write once, run anywhere"の頭文字をピックアップしたもの。「一度（プログラムを）書けば，どこでも実行できる」とは，JavaがOSのプラットフォーム製品の種別に依存しないという意味。このようなプログラム（ソフトウェア）をクロスプラットフォームと呼び，仕様が全く異なるハードウェアまたはOS上で，同じ仕様のものを動かすことができる。アプリケーション開発者は，OSの違いを気にすることなくアプリケーションを開発し，また，転用や再利用など開発生産性が飛躍的に向上し，コストも大きく削減することが可能となる。顧客はこれにより，切り替えのスイッチングコストを低く抑えることや，すでに開発したアプリケーションの無駄を防ぐことができるなど，大きな恩恵を受けることが可能となると期待された。

てしまった[47]。その次に接近したのは3DOであった。3DOが松下電器と組んで家庭用ゲーム機を発売するも不振であったために，ゲーム機をセットトップ・ボックスとして利用し，OAKを利用しようと話が進んだ。ところが最後になって3DOがOAKの独占権を要求し，サン社側がそれを拒否し交渉は破談となった[48]。

　グリーン・プロジェクトはここまで全く良いところがなく，このまま終わってしまいそうな雰囲気であった。それを救ったのは，経営幹部のOAKへの信頼とリスクをとって挑戦する姿勢であった。数百万ドルを投資したにもかかわらず，重なる失敗を報告にくるプロジェクト・メンバーをマクニーリは決して怒ったり責めたりしなかったと言われている。そしてプロジェクト・メンバーに，こう言った「きっとうまくいく」[49]。そんな折，1994年の春，ビル・ジョイ（Bill Joy）らのサン社の幹部がタホ湖のロッジに集まった際に，インターネットにOAKを持ち込んだらどうかというアイデアが，誰からともなく持ち上がった。その頃ジョイは「ただでばら撒くんだ。フランチャイズを作るんだよ」と言っていた[50]と伝えられている。当時，インターネットは破竹の勢いで普及拡大しつつあった。シェアを可能な限り早い段階で拡大するための方策は，

プログラムのソースコードをインターネットで発表することである。ただし，それにより当面は利益を確保することは困難となる。そればかりでなく，そのような思い切った市場投入戦略は大きなリスクを伴う。なぜならうまくいかない場合は，開発に費やした資金を回収できないばかりでなく，重要な技術情報が競合に流れ出し，自社にとって取り返しのつかない大きな損害となることは明らかなためである[51]。このような大きな賭けに出ることは，当時の幹部の1人であったエリック・シュミット（Eric Schmidt）でさえ自信がなかった。シュミットは，「4年に及ぶ開発の末，数百万ドルもの価値のあるソフトウェアの無料サンプルをばら撒くというアイデアに，サン社の経営幹部は尻込みするのではないかとエンジニアたちは心配していた。（中略）それを最初にスコットに話しをした。彼はすぐさま理解を示してくれた」と後に説明している[52]。

1995年1月に，OAKはインターネット仕様に作り変えられ，名前もJavaと命名された。その3か月後には，ネットスケープのマーク・アンドリーセンにコピーが送られた。こうしてJavaがインターネットに登場した。Javaはサン社のホームページで公開され，個人であれ法人であれ，必要とする人は誰でも，自由にダウンロードすることができるように提供された[53]。デビューに至るまで，丸5年に及ぶ試行錯誤のなか，ついにサン社は大きな賭けに出た。

アップルから移籍してきたエンジニアで，Javaが企業のシステムをどう変革させるかについて体系化したといわれているバド・トリブル（Bud Tribble）はJavaの成功に関して，「Javaの開発当初から，今のような成功をイメージしていたわけではない。実は苦闘続きだった。最初は，機械制御の言語にいいと思ったのだがビジネスにならなかった。それでも，資金をつぎ込んだ。次にCATVのセットトップ・ボックスに最適だと思ったのだが，これも駄目だった。けど，資金を止めなかった。これはいいものだとみんな信じていた。そしてインターネットと出会って爆発的に市場が立ち上がった。（後略）」とコメントしている[54]。

Javaのあゆみ（1991年－2000年頃まで）

　以下では，Javaというプログラム言語が誕生した初期の経緯を時系列で簡単に説明する[55]。

1991年　OAK誕生
- サン社で開発されたプログラム言語で，もともとは家庭用電気製品のプログラムの開発言語であった。
- 「Green」と呼ばれたプロジェクト・チームが，Javaのコンパクト性に注目し，家電に埋め込まれたコンピュータ・チップ上での開発を行った。

1995年　Javaに名前を変える。「Java」正式発表
- それまでは専門的なプログラムはC++と言う言語を使うのが一般的であったが，OSの種類に依存しない，信頼性の高いプログラム言語Javaに注目が集まる。
- Netscape Navigator バージョン2.0からJava（アプレット）実行環境を組み込む。インターネットの発展とともに急速に普及が始まる。
- IBM社，Javaライセンス供与受ける。
- 富士通，Javaライセンス供与受ける。

1996年　Javaソフト社設立
- OSベンダー10社が，Javaを採用する。
- 20社が，JavaOSのライセンス供与を受ける。
- Javaチップが発表される。
- 100% Pure Javaプログラムを発表する。
- 三菱電機，Javaライセンス供与を受ける。

1997年　Enterprise・JavaBeans，PersonalJava，JFCなどを発表
- IBM社が，サンフランシスコ・プロジェクトを発表。

- マイクロソフト社を契約不履行で提訴する。

1998年　サン社が，Javaコミュニティプロセス（JCP）を導入
- Jiniプロジェクトを発表。
- アップル，QuickTime for Javaを発表。
- モトローラ，Javaライセンス供与受ける。

1999年　サン社が，各種用途向け API J2SE[56]，J2EE[57]，J2ME[58]を発表

2001年　NTTドコモが，Javaの技術をベースとした「iアプリ」のサービスを開始
- J-フォンでは「Javaアプリ」，KDDI（au）では「ezplus」を開始。

2006年　Java SEとJava MEをオープンソース化（GPL 2）

Javaは，以下に示すように広く普及している（2010年データ）[59]。全世界に多数の開発者を抱え，プログラム言語としての地位を築いている。

- 4.5M Java Developers：450万人のJavaの開発者が存在する
- 950 JCP Members：950人のJCPの登録メンバーが存在する
- 180 Authorized Licensees：180社のライセンシー企業が存在する
- 635 Handset Models：635機種のJava対応電話モデルが発表されている
- 700M Desktop Computers：7億台のJava対応デスクトップが使われている
- 1.0B Java-powered Phones：10億台のJava搭載の通話端末が存在する
- 1.25B Java Smart Card deployed：12億5千枚のJavaスマートカードが世に出ている

KEY WORD

キーワード21　コネクテッド・カー

　自動車がインターネット回線につながり，それを介してさまざまなサービスを提供すること。2000年頃から，サン社などは，車載のカーナビでJavaを使ってガソリンスタンドと連携し，リアルタイムに情報サービスを提供するテレマティクスの構想を温めていた。これを発展させる形で，コネクテッド・カーは，GPSの位置情報，車間距離センサー，ドライバーモニタリングセンサー，スピードセンサーなどから得られるさまざまなデータを活用することで，自動車の走行支援，事故回避，車両診断に加え，インターネットと接続した生活支援情報を提供しようとしている。

　将来的に大きな市場の拡大が見込まれている分野であるが，トヨタや日産など自動車メーカーや，カメラやセンサー部品メーカー，制御部品メーカーなどが参入している。またアップルやグーグルなどが先進運転支援システム（ADAS：Advanced Driver Assistant Systems）などでこの分野に参画している。

◇Javaのプログラム言語としての設計上の特性

　Javaのプログラム言語としての特徴は，コンパイルしたファイルは，中間言語に変換され，Java仮想マシン上で実行されるため，OS環境に依存しないアプリケーションが作れるということであった。これ以外にも，ジェームズ・ゴスリングやビル・ジョイの理想とする言語として，設計上の特徴として以下が挙げられる[60]。

　まずはじめに，オブジェクト指向言語であり，コードの生産性が高いという点である[61]。オブジェクト指向言語とは，データとそれを操作する手続きを，オブジェクトと呼ばれるひとまとまりの単位として一体化し，オブジェクトの組み合わせとしてプログラムを記述するプログラミングの技法である。これにより，プログラムの部分的な再利用がしやすくなるなどのメリットがある[62]。代表的なオブジェクト指向言語としては，Java以外ではC言語にオブジェクト指向的な拡張を施したC++言語や，XeroxのSmalltalk，NeXT（現アップル）が自社のOSであるNeXT STEP向けアプリケーション・ソフト開発用に開発したC言語ベースのObjective-Cなどがある[63]。

Javaのプログラミングのシンタックス（構文）はC言語に極めて近い[64]。C言語のプログラマーが，C++以上に徹底したオブジェクト指向でプログラムできるように設計されている。世間のJavaに対する関心の高さと，ISVの積極的な対応は，JavaがC言語の普及を引き継ぎ，オブジェクト指向の理想をさらに徹底して追求したことに由来する[65]。オブジェクト指向に開発者の関心が集まるのは，ソフトウェア開発を迅速化することが可能になるためである。

　次に挙げられるのが，ガーベジ・コレクション（自動ゴミ集め機能）を備えており，メモリ管理の手間が非常に少ないという点である[66]。ガーベジ・コレクションとは，OSやプログラミング言語の実行環境などが持つメモリ管理機能の1つで，実行中のプログラムが使用しなくなったメモリ領域や，プログラム間の隙間のメモリ領域などを集めて，連続した利用可能なメモリ領域を確保する技術である[67]。ガーベジ・コレクションがうまく機能しないと一度確保されたメモリ領域が再利用できず，次第に利用可能なメモリが減ってゆくため，OSやアプリケーション・ソフトの再起動などを強いられることになる[68]。Javaは，こうしたメモリ管理がJava仮想マシンによって自動的に行われる。Java仮想マシンは，Javaプログラムのどこからも参照されなくなった不要なJavaオブジェクトを見つけ出し，そのメモリ領域を自動的に開放する機能を持っている[69]。

　加えて，ガーベジ・コレクションに関連して，ポインタを廃止したことにより，不正なメモリ参照が起きにくくなった[70]。ポインタとは，ある変数のメモリ上のアドレスを記憶しておくために使う変数であるが，開放し忘れたり，開放の指定をすると他のバグがそれに関連して発生したりする。ガーベジ・コレクションは，オブジェクトがメモリを利用した後，そのメモリの領域を自動的に開放し，ポインタ演算やメモリ割り当てに関する関数を排除した[71]。

　プログラムが予想外の振る舞いをする可能性を徹底的に排除すること，これがJavaの設計で目指したものの1つである[72]。Javaが安全な言語であるといわれるのは，暴走など人間が意図していないプログラムの振る舞いの原因を取り除いたアーキテクチャになっているからである。ガーベジ・コレクションに

よるメモリ・マネジメントの自動化はバグが発生する可能性を減らし，プログラマーの開発における生産性を向上させただけでなく，記述されたプログラムの安全性を強化した[73]。これらのことにより，インターネットなど不特定多数の人によって接続されるネットワーク・システムで，安全に使われる言語として普及していった。

ジョイは，ゴスリングの採用したガーベジ・コレクションを高く評価し，「ジェームズがガーベジ・コレクションをOAKそしてJavaで導入して，プログラムをモジュール化することが出来ないという問題から解放してくれました。Javaの歴史的な意義を考えると，ガーベジ・コレクションは大きな成果のひとつとして評価されると考えています。ガーベジ・コレクターによって構築されたシステムであるが故に，信頼性が驚くほどに向上したのです。Javaのコードはどこでも走り，数多くのデバイスに組み込むことができます。そして，信頼できるコンポーネントのライブラリを，自信を持って開発することができるようになりました」と語っている[74]。

こういったこと以外にも，多重継承を禁止しているため，メソッド呼び出しの際のあいまいさが排除された[75]。静的な型づけを採用しているため，変数に違う値などが入って起こるバグを最小限に抑えられる[76]などのメリットが備わっていた。

Javaは，デスクトップはもちろん，サーバー，携帯端末など，さまざまな用途で使われているためAPIの数も膨大な数となる。そのため，JavaのAPIは次の3つのエディションを規定している。それぞれの用途は以下である（以下，該当記載部分の抜粋）[77]。

○Java SE（Java Platform Standard Edition）
　　Javaの標準的な規格。一般の学習用や簡易なプログラムの実装から，ワークステーション，PCやサーバーなどの機器で，汎用的な用途でも使用されている。Javaのプログラムで役立つ基底のAPIを含んでいる。実行環境

や開発環境であるJREやJDKがインターネット上から簡単に入手可能であり，情報も充実している。

○ Java EE（Java Enterprise Edition）

　Javaの中でもエンタープライズ・システム開発に対応したもの。サーバーサイド機能を備えた実行環境，開発環境の規格。Java SEにあるクラスすべてを含み，ワークステーションよりもサーバー上でプログラムを動かすのに，より役立つ機能や，大規模システムを開発するための，さまざまなAPIが追加されている。

○ Java ME（Java Platform Micro Edition）

　携帯電話，PDA，テレビのようにリソースが制限されたデバイスに載せるためのJavaのエディション。一般的にPCなどで利用する環境より，より小さな環境で動作するためのJavaの小型のセット。

◇ JCP（Java Community Process）とSDC（Sun Developer Connection）

　サン社は，Javaの独立性と公平性を保つために，1998年，Javaコミュニティプロセス（JCP）を導入した[78]。導入の背景には，競合からのサン社のJavaに対する強すぎる関与を批判する動きへの対応という側面があった。Java発表当時の1995年頃に，サン社が持っていたシステム仕様などに関する管理をJCPに移管した。JCPにおいては，Java言語を拡張する必要を感じる人々は誰でも，JSR（Java Specification Request）を申請することができ，その必要性が認められると有識者からなるエキスパート・グループの編成が呼びかけられる。個々の活動は，JCP配下の各専門グループであるJSRで行われており，そこでJavaのスペックの標準化と拡張が推進されている[79]。JSRは，システム構築の対象分野ごとに100以上のグループに分かれており，それぞれのグループで，対象分野に関する拡張スペックの仕様の作成，最終的な仕様の一般公開の準備活動を行っている[80]。

　具体的には，JCPにはJCPメンバーの投票によって選任されたエグゼクティブ・コミッティが存在する。エグゼクティブ・コミッティは「デスクトップ／

サーバー」担当と「組み込み」担当に分かれている。提案された仕様は，担当のエグゼクティブ・コミッティの承認を得て，JCPのプロセスに乗せるか否かの承認を得る。承認された仕様にはJSRが振られ，次の2段階のステップに進む[81]。

最初のステップは「コミュニティドラフト」である。ここではJCPのコミュニティメンバーとエグゼクティブ・コミッティによりレビュが行われる。エグゼクティブ・コミッティの承認を受けて，次のステップである「パブリックドラフト」に移行する[82]。この段階では，仕様がインターネットに公開され，不特定多数の人がその仕様に対するレビュを行う。よって多数のフィードバックがあり，仕様にはそれらを盛り込んでつくられていく。こうして2段階で多くの人のレビュを経て，最後のエグゼクティブ・コミッティの承認を得てリリースされる。最終版のリリース後も，それ以降に発見されたバグはその都度修正し，エグゼクティブ・コミッティの承認を受けてリリースされる[83]。

J2EE（Java 2 Platform, Enterprise Edition），J2ME（Java 2 Platform, Micro Edition）は，このJCP/JSRから生まれた代表的な規約群である。

2000年の6月にJCP2.0が発足する。そこでは22社によるエグゼクティブ・コミッティが形成された[84]。

加えて，JCPのようなコミュニティを利用する特徴として，日本サン社傘下にSDC（サン・デベロッパー・コネクション）という独立組織を発足させ，開発者や利用者のためのサポートを行った[85]。背景としてはJava技術に対する需要が急速に高まり，サン社がそれに対応しきれなかったということがある。そのためソフトウェア特有の品質（バグの修正）の問題や開発者の意見交換についてSDCという組織を発足させて開発者間での情報の交流によってサポートすることにしたのである。この活動によってJavaの品質を高めることに成功した。

◇**サン社の経営方針とJavaの普及**

以下，サン社の経営方針とJavaの普及に関する方針について記述する。

サン社は，補完製品として自社のOSを有償で提供し，このOSに関するサポートを収入源の1つとしている。また自社製OSと親和性の強いRISC[86]チップならびにその周辺機器や筐体などのハードウェアを有償で提供しており，収入の大部分はここで確保している。同時に自社製OSのライセンスやチップを他の補完業者にOEMとして提供し収入を上げている。

　サン社は，提携などによって多くのISVなどの補完業者の支援をとりつけているが，サン社自身も，Javaをサポートするソフト会社を増やすためにいくつかの手を打った。1996年8月，サン社・伊藤忠・米大手ベンチャーキャピタルのクライナー・パーキンス・コーフィールド・アンド・バイヤーズ（KPCB）は，IBM社と組んでアメリカに1億ドルのベンチャー投資基金を設立している[87]。目的は，Javaを業界標準とするために，Javaで作成したソフトなどを開発するベンチャー企業に投資することである。

　1996年，サン社は既存のソフトウェア部門とは別に，Javaソフト社を発足させる[88]。しかし，サン社は必ずしも社内の意見を統一できてはいなかった。Javaは急速に普及していったが，サン社内の意見の相違により部門間の対立が生まれていたと言われている。Javaソフト社は，Javaのライセンス普及推進におけるジョブ1を，サン・ソフト社[89]はジョブ2をそれぞれのミッションと捉えていた。このジョブ1とジョブ2が互いにぶつかり合うことがしばしばあった[90]。

　　ジョブ1：より多くのJavaのライセンスを普及させること＝Javaソフト社はこの技術を可能な限り多くの企業や開発者が利用できるようにして，広い基盤を持つ標準技術として普及させたいと考えていた。
　　ジョブ2：Java事業自体とは関係しないサン社の法人市場での売上を伸ばすこと＝サン・ソフト社は，Javaをサン社の既成技術，例えばSolarisなどとシームレスに動作するようにして，法人市場での売上を伸ばしたいと考えていた。

「目標はサン社の売上と利益を最大化することなのか，それともJavaのライセンス普及を推進することなのか」この時点でサン社は社内的に統一した結論を出せなかった。この2つの意見の対立は，その後もサン社内部で大きな議論の的となっていたと言われる[91]。

◇サン社の経営とマイクロソフト社の経営

　サン社とマイクロソフト社の経営手法における違いは，Javaの思想に代表されるサン社のオープンな経営思想と，クローズドと呼ばれるマイクロソフト社との対立を招いている[92]。

　山田（2000）は，以下（**図7-3**）のような図を用いて，両者の経営思想の違いを論じている。ドーナッツ状になっているグレーの円の部分は，マイクロソフト社などプラットフォーム製品を自社単独で支配したいと目論む自前主義の従来型の多くの企業が属している。その内側にオープン・スタンダードでやろうとする企業が属する。当時，内側に属している企業はサン社1社だけであった[93]。当時はサン社のような型破りな考え方で経営を進める企業は他にほとんど存在しなかったため，サン社のマネジメント層は，サン社の製品を単に宣伝して売っていくというよりは，自社の経営方針やJavaのような製品の思想を啓蒙することに力点を置いていた[94]。つまり，図7-3で表される内側の白い部分のエッジを，グレーの部分に向けて広げる活動を，経営に織り込みながら販売を伸ばしていくことになる。従来型のマーケットを変えていこうとしているのであるが，サン社1社でできることは知れている。なぜなら，サン社を除くほとんどすべての企業はグレーの自前主義に属しているのである。よって，共感する仲間を募って，グレーに属している企業を内側に取り込んで進めていくことになる。IBM社やモトローラやオラクルは，もともとグレーの自前主義に属する企業であったが，Javaを契機としてサン社とJava陣営を結成した[95]。サン社のやり方は，まず事業化し，技術をオープンにし，周囲に周知させ，それにより内側のエッジを広げて白い部分を大きくすることでパイが大きくなり，自分の取り分も増やしていくというものである[96]。

図7−3 ●オープン・スタンダードの陣営形成[97]

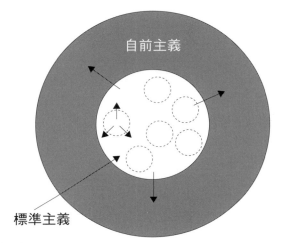

(出所) 山田 (2000)。

　サン社とマイクロソフト社は，水と油のごとく考え方が違うので，コンソーシアムのような共同作業を進めていくことは，かなり困難である。
　この白とグレーのせめぎ合いはなくならない。じわじわと広がっていく白の力と，グレーの押し戻す力がぶつかり合う[98]。これまでのデファクト・スタンダードの話は，グレーの持つ自前主義の論理の中で考えられていた。言い換えれば，グレーに属する各企業の勢力争いの中でのスタンダードであった。これに対し，内側の企業はスタンダードをつくっていくこと自体が生きていくための土台となっている。いわば本気のスタンダード[99]といえる。
　また，山田 (2000) は，サン社の標準主義と，マイクロソフト社の自前主義の対立について，「今考えられているネットワークは，地球上に存在するすべての人のみならず，家畜なども含めて，繋がるモノはすべて繋げようとしている。このような流れと，可能であれば100％自分で市場を独占したいという従来の自前主義の経営精神が結びつくと，1つのアーキテクチャに収束せざるをえない。マイクロソフト社は，独占に関して批難されることが多いが，それはビル・ゲイツ (Bill Gates) 会長の意志に原因があるというよりも，全部繋げ

るときは，ひとつしか残らないメカニズムが働き収斂することに原因があるとみた方がよい」と説明している[100]。

　Javaのシェアが高まり出すと，マイクロソフト社にとって，Javaは目の上の瘤となる。末松（2002）は，「JavaはあらゆるOSの上で動作し，（中略）ここで重要なのは，あらゆるOSの上で機能するという点で，システムはWindowsでなくてもよいことになる。つまりプラットフォームとして強大な地位を築いてきたWindowsをOne of themにしてしまい，サン社自らがプラットフォームの地位を奪い取ろうとする（中略）。Windowsでなければならないというプラットフォームの優位性で市場を支配してきたマイクロソフト社にとって，重大な脅威（後略）」と説明している[101]。ことあるごとに市場では，マイクロソフト社がJavaの普及に対しさまざまな妨害を行ってくる。オープン性を唱え，開発者コミュニティを活発化するJavaに対して，マイクロソフト社は「Javaはオープンではない」，「Javaはサン社の自社利益独占のためにある」と攻撃した。また，「（Javaの）ライセンス料は将来，普及した後で大幅に吊り上げられるかもしれない」と誹謗した[102]。加えて，マクニーリは，開発者のイベントやユーザー会での発言のたびに，マイクロソフト社批判を繰り返した。このような様子に，業界ではサン社とマイクロソフト社は犬猿の仲と呼ばれるようになっていく。

◇マイクロソフト社の対抗製品ActiveX Control[103]

　1996年にマイクロソフト社が発表したActiveXは，サン社が開発したJavaに対するマイクロソフト社の対抗戦略である。ActiveX Controlは機能的には，Javaアプレットとほぼ同じものと考えられる[104]。ActiveX環境で実行するプログラムを作成するときに中心になるのはコンポーネントとなる。これは，ActiveXネットワーク（現状では，WindowsとMacintoshのシステムで構成されるネットワーク）内のどこからでも実行できるプログラムである[105]。このコンポーネントをActiveX Controlとも呼ぶこともあるが，単にActiveXと呼ぶ場合も多い。

ActiveX Controlは，ActiveXの登場以前に，OLE（Object Linking and Embedding）[106]と呼ばれていた技術群をインターネット技術に適応させたものである[107]。もともとOLEはコンピュータ上のアプリケーション間で機能の連携を行うための技術であったが，ActiveX Controlではインターネットを通じて，サーバーが提供する機能モジュールをブラウザーで実行できるようになっている[108]。

しかし，ActiveX controlは，Javaのアプレットと異なりWindows上でしか使えない。ActiveX Controlを採用するサイトでは，Internet Explorer（もしくはプラグインを導入したFirefox）以外のブラウザーではアクセスできない。また，Unix系のOSではサポートされないケースが多い[109]。具体的には，マイクロソフト社の製品以外では「プラグイン」が必要になり，JVMも「アクティブX用JVM」にしなければならない。問題はその両方ともマイクロソフト社が厳しく管理しているという点である[110]。

ActiveX Controlのほかにも，WebブラウザーでOfficeドキュメントを表示できるActiveX Documentや，ActiveX Controlやスクリプト言語などの機能を統合するためのActiveX Scriptingなどがある[111]。ActiveX Controlの例としては，Adobe Flash[112]やShockwave[113]，QuickTime[114]，などが挙げられ，Internet Explorerでそれらを再生するためのプラグインとして利用される[115]。

ActiveX Controlに関しては，マイクロソフト社側とサン社側の見解にはかなりの相違がある。マイクロソフト社側は「ActiveX ControlはJavaの全てのメリットを保有すると同時に，Windowsの資産であるOCX（OLEベースのコントロール）を活用できる。ActiveX Controlはクロスプラットフォームである」と主張する[116]。これに対し，サン社側の主張は「ActiveX Controlは（Windows）OSに対する依存が強く，オープンではない」ということである[117]。このように，どちらのプラットフォームがよりオープンであるか，クローズドであるかを判断することは互いの主張が真っ向から対立している。サン社は，JavaをOSに依存しない点をオープンと解釈し，Windowsを必須としたActiveX Controlはクローズドであると主張する。マイクロソフト社側は，

Windowsを必須とするものの，その上ではJavaを含むさまざまなアプリケーションを走らせられる，よってオープンであるとの主張である。

ActiveX Controlは，セキュリティに問題を持つといわれている[118]。そのことが普及を伸ばすことのできなかった理由と指摘する声もある。ActiveX Controlは，Webページの表示に変化をもたらし，インタラクティブ性を提供することでウェブサイトを閲覧する楽しさや利便性を向上させるメリットがある。しかし，Windows Vistaより以前のバージョンではActiveX Controlの動作に制限が掛けられていないために，セキュリティ上しばしば問題となった[119]。例えば，ActiveX Controlを用いれば現在ログオンしているユーザーが，アクセスできるコンピュータ内のファイル全てに自由にアクセス可能となる。これにより，マルウェア[120]として動作するActiveX Controlが，不正にユーザーのファイルにアクセスし，情報を盗み取るリスクが生じる。実際，ActiveX Controlのセキュリティホールを攻撃する不正なデータを受信することで，被害を受ける可能性が多数指摘されている[121]。

ActiveX Controlは，例えばマイクロソフト社のWindows Updateにも使われている[122]。それにより，ユーザー側のマシンを調査し，それに対する最適なアップグレードを提供する。便利な機能ではあるが多くのセキュリティホールが見つかっており，悪用されると，パソコンのハードディスクからファイルを削除したり，フォーマットしたり，悪質なプログラムを実行させることが可能となる[123]。

◇Javaにおける成果の限定性

Javaによる階層介入戦略は，その成果に限定性を持つ。Javaの事例では，マイクロソフト社が独自のJVMならびにそれに対応するJavaアプリケーションをつくり，Javaの本来の思想であるWORAの能力を限定的なものにした経緯がある。これにより，Javaはネットワーク効果の規模が限定され，特定OS対応のアプリケーションと同じ位置付けとなってしまう。具体的には，サン社は1996年「100% Pure Java認定プログラム」を発表し，認定制度をスタート

させていたが，マイクロソフト社は独自に改良を加えたJavaを，1997年9月末にリリースしたブラウザーの「インターネット・エクスプローラ (IE) 4.0」に搭載する[124]。これによって，サン社が提唱する100% Pure Javaで書いたソフトが，IE4.0上で走らなくなるという事態が起こった。末松 (2002) では，1999年11月の連邦地裁の事実認定の記述より，「マイクロソフト社は，他のプラットフォームとは非互換のWindows用Javaを開発し，それを普及させることによってJavaのポータビリティ（移植性）を妨害した。（中略）標準のほんのわずか一部分を自社仕様に変更することにより，それを使用するユーザーには，標準に準拠しているような誤解をあたえつつ，結局は自社製品しか使えないようにする，つまり自社内に囲い込むことを目的とする（後略）」と紹介している[125]。

サン社は，開発パートナーとのWORAの約束（コミットメント）を守れないとして，1997年10月，Javaのライセンス契約違反でマイクロソフト社を米国連邦地裁に提訴する[126]。その後和解に合意するが，マイクロソフト社は，その後リリースするOSではJVMを手動によるダウンロードが必要な状態に変えることとなる。

以下にサン社とIBM社などの補完業者，ならびにマイクロソフト社のJavaにおける意図・行為・結果を図に簡単にまとめる（**図7－4**）。

図7－4では，サン社とIBM社などの補完業者，ならびにマイクロソフト社の3つのプレイヤー間で，サン社によるJavaの発表の意図と行為が，意図された結果ならびに意図せざる結果をもたらす経過を示している。ここで注意が必要であるのは，マイクロソフト社もサン社にとっては補完業者の1つであるにもかかわらず，IBM社などの他の補完業者とは異なる解釈をJavaに対して行ったということである。ネットワーク効果の観点で考える場合，補完製品であるJavaはマイクロソフト社にとって，ユーザーの便益を増加させる好ましいものとして受け止められるはずである。しかし，マイクロソフト社は，Javaを「Windowsの支配力を無力化させる脅威」と受け止めた（詳しくは後

図7-4 ● Javaに関するサン社，IBM社などの補完業者，マイクロソフト社の意図・行為・結果

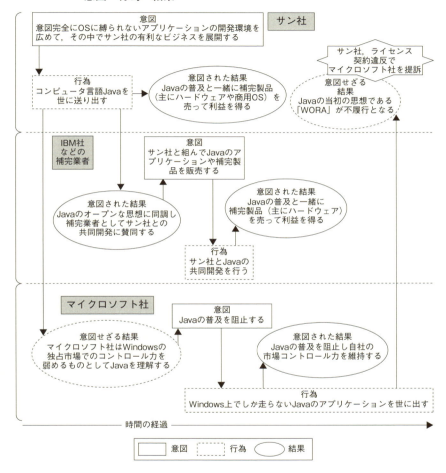

述のJava裁判での反対尋問でのマイクロソフト側の内容を参照）。結果として，Javaの普及を阻止するため，WORAの機能を不履行にし，ネットワーク効果の及ぶ範囲を限定させてしまった。これにより，JavaはWindows上で走る1つのクローズドなアプリケーションの位置付けとならざるを得ない状況となった。

◇マイクロソフト社とのJava裁判と顛末

　マイクロソフト社は，1992年2月のRMI[127]の発表に触発されて，Javaの普及を妨害する。WebブラウザーのIE（Internet Explorer）4.0からRMIとJNI（Java Native Method Interface）を意図的にはずす[128]。

　1997年10月，サン社が，マイクロソフト社をJavaに関するライセンス侵害で訴える[129]。マイクロソフト社がWindows固有の技術をJavaに組み込んできたためである。この問題が法廷に持ち込まれた結果，両社は2001年1月に和解[130]。2000年4月にワシントン連邦地裁のトーマス・ジャクソン（Thomas P. Jackson）判事が公開した独占禁止法の事実断定において詳しく分析されている。命令書の中で「Javaの脅威との闘い」と項目だてされた部分では，「マイクロソフトはまた，自身のJava開発ツールを，開発者がパフォーマンスよりポータビリティを選択しようとしているにも関わらず，はからずもWindows上でしか走らないアプリケーションを記述するように故意に設計した。（中略）最後にマイクロソフトはWindowsに関して同社に技術情報と認定を依存しているISV（独立ソフトウェアベンダー）にサン社のバージョンに準拠したものでなくWindowsのJVMを使用し配布するように仕向けた。これらの行動はメリットに基づいた競争とはいえず，消費者の利益になるものではなかった（後略）」と結論づけている[131]。

　結果として，マイクロソフト社は，古いバージョンのJVMのみを利用することで合意している。これに伴いマイクロソフト社は，2001年早々に，Internet Explorer（IE）6ベータ版からJVMを削除し，Windows XPにJavaを標準搭載しないと表明する[132]。Javaが必要な場合，ユーザーはWindows Updateサイトから手動でダウンロードする必要がある。

　この措置に対し2001年8月初め，サン社は，New York TimesやWall Street Journalなどの大手新聞にフルページの広告を掲載し，「消費者は，サン社のJava技術がWindows XPに搭載されることを望んでいる」とアピールした[133]。同時に同社は，主要なPCメーカーに対し，Windows XPプリインストール・マシンへJVMをインストールするよう要請した。「ユーザーの使い勝手

を向上させる目的で，Javaアプレットは600万以上のWebページで利用されている。（例えば，）社内システムに対するセキュリティを確保する手段や，Webベースのアプリケーションを容易にアップグレードする手段，Webアーキテクトがサービスを運用する手段としても使われている。マイクロソフト社には最新のJava 2プラットフォームをライセンスするという選択肢もあった。しかし，それはなされなかった」と，サン社はこの件に対する報告書で述べている[134]。マイクロソフト社の措置に対して，サン社はその不便さをユーザーに向けてアピールするかたちの行動に出たのである。

　これに対し，マイクロソフト社の広報担当者は，「皮肉なものだ。我々は，Windowsの中にJavaを入れることをやめさせようとしたサン社と，3年間も法廷で争った。その同じ会社が，今度はWindows XPにJavaが標準搭載されていないと不平を言っている」と皮肉をこぼしている[135]。しかし，この広報担当者の表現は正確ではなく，Windowsの中に入れさせないようにしたものはマイクロソフト独自Javaであり，Windows XPに標準搭載させようとしているものは100% Pure Javaである[136]。

　Windows XPからJavaを削除することで生じた一連の争いは，マイクロソフト社がIEやWindowsを通して，Javaにとっての最大の流通業者であるという事実から生じたことであるといえる。補完的な関係でありながら競合するという構造は，利害におけるさまざまな軋轢を生む。そこには自らのプラットフォーム製品の普及は，対立しながらも補完し合う相手にその根っこを握られているというジレンマから生じている。

　これらの係争や両社のCEOの批判合戦において，当時のIT業界では「サン社とマイクロソフト社は天敵」と評する向きもあったが，当時Javaソフトの統括者であったアラン・バラッツ（Allan Baratz）は「マイクロソフトの独自Javaを黙認したのではサン社がJavaの利用者に対して行った約束を守れない。それを避けるために敢えてマイクロソフトに対する訴訟に踏み切った」と述べている[137]。

◇サン社とマイクロソフト社との和解

　2004年4月，マイクロソフト社とサン社が包括提携をし，長年にわたるすべての係争に対する和解に合意する[138]。両社の製品間の連携を強化するための広範な技術提携，および両社間のすべての係争において全面的に和解することで合意したとの発表を行う。両社はまた，特許を含む他の案件での協力関係にも合意する。

　サン社ならびにマイクロソフト社のコメントは以下である（以下，該当記載部分の抜粋）[139]。

　サン社CEO（最高経営責任者）のマクニーリは，「今回の合意により，サン社とマイクロソフト社は，双方が顧客の選択肢を維持しながら相互に協力していくという新たな関係の構築に向けて大きく踏み出すことになります。この合意は，サン社とマイクロソフト社双方の顧客に大きな利益をもたらすでしょう。すなわち，新たな製品開発が促進されることで，複数ベンダーのサーバー製品を結びつけ，異機種混在環境でのシームレスなコンピューティングを実現しようとする顧客に，大きな選択肢を新たに提供することになります。我々は，今回の合意が，サン社とマイクロソフト社との将来の協力関係の枠組みを固める好機となるものと期待しています」と述べている。

　マイクロソフト社CEOのスティーブ・バルマー（Steve Ballmer）は，「両社は今後とも厳しい競争関係を継続していきますが，今回の合意は，両社の協力関係の基礎を新たに構築することによって，双方の顧客にさらなる利益をもたらします。今回の合意は，最先端の研究開発および知的財産の保護が，我々の業界の成長と成功には欠かせぬものであるという認識に基づいていて締結されたものです。この合意は，サン社およびマイクロソフト社双方にとって大きな前進ではありますが，本当の意味の勝者は，我々の製品と革新技術を必要としている顧客であり開発者にほかなりません」と述べている。

　本合意より，マイクロソフト社はサン社に対して，独占禁止法関連問題の和解金として7億ドル，特許関連問題の和解金として9億ドルを支払う。両社はさらに，テクノロジーの相互利用についても合意する。これに基づき，マイク

ロソフト社は，サン社のテクノロジーを使用するための前払い金として3億5千万ドルをサン社に支払い，サン社はマイクロソフト社のテクノロジーを同社のサーバー製品に組み込む場合にマイクロソフト社に対して使用料を支払うこととなる。

◇サン社のその後の合併とJavaの行方

　サン社は2000年9月には，インテル系のCPUとLinuxの組み合わせのサーバーを販売していたコバルトシステムを買収[140]。インテル系のCPUとLinuxを組み合わせたサーバーが2001年からサン社より販売された。2005年にはStorageTek（STK），2008年1月にはMySQLの買収を発表した[141]。

　1995年の発表以来，Javaは順調にその開発者とダウンロード数を伸ばしていくが，インテル・アーキテクチャの性能の向上による安価なチップ上のWindowsやLinuxの台頭により，企業としての存続が脅かされ，サン社はオラクルに買収されることとなる。JavaならびにSolarisは，オラクルのブランドで引き続き存続するが，Javaの普及は，サン社の直接の収益向上に十分働くことはなかった。

　2003年頃から収益や株価がいっそう低迷するなか，サン社はなぜJavaから直接収益を得ることをしないのかという声が聞かれるようになる。2004年2月Java Technology Conference 2004でのインタビューで，エグゼクティブバイスプレジデント（後にCEO）のジョナサン・シュワルツ（Jonathan Schwartz）は，Javaの将来性について懐疑的な声もあることを自ら明かした[142]。「ウォールストリートではサン社がJavaに力を入れている訳を理解してもらえず，事業の売却や中止を勧める声もある」と述べる。しかし「サン社には確固たるビジネスモデルがある」[143]と断言し，これからもJavaの研究開発を継続することを表明している。加えてシュワルツは，現在200種類以上の携帯電話にJavaが載っており，日本のNTTドコモやVodafoneをはじめ世界中でJavaコンテンツの配信が始まっている。コンシューマ・ユーザーだけでもJava携帯電話に年間30億ドルを使っており，今後も増えていくという巨大な

市場である。PCにおいてもJavaは広く活用されており，全体の6割でJavaが載り，月間700万のクライアント・プログラムがダウンロードされていることを説明した[144]。このようにJavaの実績と将来性を展望されたにもかかわらず，その後サン社自体の収益や株価が大きく好転することはなかった。

2009年4月，オラクルはサン社を約74億ドルで買収することについて，サン社と合意したと発表した[145]。後に，サン社株主の合意などを経て正式に決定された。サン社株式を，1株当たり9.5ドルで買収。「最高のエンタープライズソフトウェアとミッションクリティカルなコンピューティングシステムが融合する」[146]とし，顧客側の作業負担なしで両社のシステムを統合するとしている。

オラクルの企業サイトトップページには，「Oracle Buys Sun」と，サン社のサイトには「ORACLE TO BUY SUN」と書かれた大きなバナーが掲載された。サン社をめぐっては，IBM社やHPも買収提案したと報じられていた。HPとオラクルで，サン社を2分割する案もあったとされる[147]。

オラクルは，サン社を傘下に収めることにより，市場規模170億ドルとされる企業向けハイエンドUnixサーバーの分野でHPを抜き，IBM社に次ぐ2位のメーカーになる[148]。オラクル社はまた，サン社が持つJavaとOSのSolarisも手に入れた。

技術の進歩は日進月歩であるが，Javaを取り巻くネットワーク環境も大きく進歩し，当初の新しかった技術も徐々に時代遅れとなるものも多い。Javaは，リリース初期にはWebブラウザー上で動く，アプレットという動的なWebページを実現するアプリケーションとしての使われ方が主流であった。しかし，このアプレットとしての役割は2000年以降，徐々にAdobe Flashなどに取って代わられた[149]。その後，Java SEといった基本的な開発環境に加え，Java EEといったサーバーサイドのアプリケーション開発に特化した開発環境や，Java MEといった組み込み機器用の開発環境がリリースされた。それにより，今日では主にサーバーサイドのWebアプリケーションや，携帯電話等に搭載されている組み込み機器技術など，幅広い分野で利用されている[150]。

Javaプログラムの実行形態には，コマンドラインで実行されるコンソールプログラム，Javaアプレット，Javaサーブレットといった種類がある。Javaアプレットは，Adobe Flashなどの普及によりあまり利用されなくなったが，Javaサーブレットは，Webサーバー上で実行されるJavaプログラムである。Perl[151]やRuby[152]などスクリプトで処理されるCGI[153]と比べると，さまざまなオーバーヘッドが少ないために動作が速いというメリットがあり，現在も多くの開発者の支持を得ている[154]。

◆Java事例採用の理由

階層介入戦略の事例としてJavaを取り上げる理由は，1995年に誕生したJavaが，それまでのC言語などとは違う完全なクロスプラットフォーム指向（プラットフォームOS非依存）を標榜し，誕生からわずか10年で，450万人以上[155]の開発プログラマーを世界に育てた実績と，PCをはじめとして携帯電話やスマートカードなどさまざまなデバイスで利用され続けている[156]点が階層介入事例の代表的な存在と認められるためである。

実際にJavaが投入されたのは1995年からであったが，90年代後半に，サン社はITバブルに乗じてUnix市場でIBM社やHPと比肩して大きなシェアを獲得していた。しかし，コンシューマー市場で大きなシェアを獲得しつつあったマイクロソフト社は，Unixが主流を占めるエンタープライズ市場でのシェア獲得を目論んで[157]おり，サン社にとっては脅威であった。サン社のJavaによる階層介入戦略は，シェアを伸ばし始めたマイクロソフト社のWindowsに対する攻撃と，既存のUnix市場をWindowsから守る2つの目的を持ち，また新たにJavaのプラットフォーム製品でのエコシステムを形成させるための切り札として位置付けられていたと考えられる。

この介入階層に隣接するOSを提供するマイクロソフト社は，Javaの投入をどのように認識していたかについては，米国マイクロソフト社のホームページに掲載されているJavaの訴訟でのコメント内容の抄訳[158]から推察できる。

「(抄訳の抜粋) またバート（Tom Burt：マイクロソフト社の弁護士）のゴ

COMMENTARY

解説4 シリコンバレーと起業創出システム

　シリコンバレーとは，米国カリフォルニア州サンフランシスコのサンタクララ・パロアルト・サンノゼ地区の通称で，地元の人はベイエリアと呼んでいる。インテルやHPなど，半導体産業中心としたIT企業と研究所や関連企業が密集しているため，半導体の代表的な素材であるシリコン（Silicon）にちなんで名づけられた。近年では，アップル，グーグル，Facebook，ヤフー，オラクル，アドビシステムズ，シスコシステムズといったソフトウェアやインターネット関連の世界的な企業が同地区で多数生まれている。

　特に最近注目を集めるのは，電気自動車がガソリン車を超えられることを証明したいと願ったシリコンバレーのエンジニア数名により設立されたテスラモーターズ。同社の製品設計の責任者，最高経営責任者であるイーロン・マスク（Elon Musk）である。彼は同時に，スペース・エクスプロレーション・テクノロジーズ（スペースX）のチーフデザイナーとして，地球の軌道および最終的には他の惑星へのミッションを目的としたロケットや，宇宙船の開発の責任者も務めている。

　ちなみに，本書で取り上げるJavaやVMwareもサン社，ヴイエムウェア社というシリコンバレーを発祥とするスタートアップ企業から生まれた。シリコンバレーには，他の地区にはない特有の起業創出システムがある。

　ビジネスに必要な要素には「人材」「技術」「資金」「情報」がある。シリコンバレーは密集した地域でそれらを容易に手に入れることができる環境がある。

　「人材」：スタンフォード大学，UCバークレー，サンノゼ州立大学などの在学生・卒業生が起業の発起人としての人材を担っている。スタンフォード大学では昼休みに，ベンチャーキャピタル（VC）主催の無料ランチ・ビジネスプラン・プレゼンテーション会などが頻繁に行われ，アントレプレナーシップが養成されるムードがそこかしこにある。サン社，ヤフー，グーグルなどは，スタンフォード大学の在学生・卒業生の起業によって生まれている。

　「技術」：スタンフォード大学，UCバークレー，サンノゼ州立大学などで生まれた技術が事業化のためのシーズとなっている。例えば，シスコシステムズはスタンフォード大学の職員であったレン・ボサック（Len Bosack）とサンディ・ラーナー（Sandy Lerner）の夫妻が，学内のコンピュータを繋ぐオリジナルなルーターを開発し，その後独立して自宅のガレージで製作して売り始めたのが会社設立のきっかけである。

　「資金」：有名なVCであるセコイア・キャピタルやKPCBを筆頭に，多くの

VCが密集し，シリコンバレー内の投資先企業に対し，ハンズオン支援を行っている。また全米に26万人以上いるとされるエンジェル（個人投資家）の存在も大きい。ネットスケープの創業者であるマーク・アンドリーセンは，現在はエンジェル投資家として有望なスタートアップ企業に投資をする立場である。

「情報」：ITやバイオの産業クラスターが形成されているため，地理的な利便性と，気候の良さから多くのキャピタリストや起業家が周辺に住んでいる。そのためコミュニティ内での情報の交流が盛んである。

さらに重要なことは，出口戦略遂行後である。IPO（株式公開：Initial Public Offering）やM&A（企業買収：Merger and Acquisition）によって生じた資金は，再度投資に回されるが，残念ながら倒産やM&Aによってリストラされて仕事にあぶれてしまった人材は，ふたたび別のスタートアップ企業の人材として活用される。産業クラスターとしての集積が成せるメリットとも言える。このように，資金と人材が「循環」しやすいシステムもまたシリコンバレー特有の環境である。

このような環境であるからこそ，世界中から「人材」「技術」「資金」がこの地区に集まってくるのである（コラム図3）。

コラム図3 ●起業創出システム

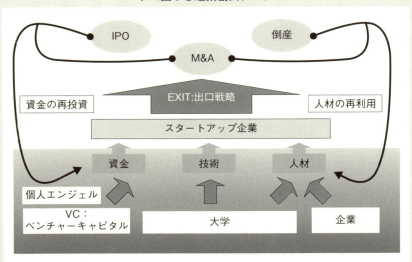

スリング博士（サン社の幹部の1人でJavaの創案者）に対する反対尋問の中で，1995年に，サン社がインテルのチップとマイクロソフト社のオペレーティング・システムを無力にするような別のプラットフォームをJavaを用いて開発して，マイクロソフト社とインテルに対し激しい攻撃をかける計画をしていたことが明らかになりました。（中略）その中でシュミット氏（サン社の元最高技術責任者）は，Java言語をベースとした新しいプラットフォームをつくるという攻撃的な計画を示しています。バートはまた，新しい完全なプラットフォームのベースにJava言語を用いるというサン社の計画を具体的に示す他の証拠も紹介しました。（後略）」。この内容から，マイクロソフト社がJavaに対して相応の脅威を感じていたことが理解できる。

◆Javaにおける操作項目の事例整理

次に，Javaにおいてアクセス可能ユーザー数の増加，マルチホーミングコストの低減，隣接対象プラットフォーム製品の多数選定，持続的収益確保モデルの遂行，の4つの項目の観点から事例を整理する。

◇アクセス可能ユーザー数の増加

Javaは，UnixやLinuxやWindowsの間の橋渡しを行った。これにより，下位階層の複数のプラットフォーム製品がそれぞれ持っているアクセス可能ユーザー，ならびにサイド内ネットワーク効果を奪い取ることとなった。

Rohlfs（2001）は「Javaはバンドワゴンの点でオペレーティング・システムを相互連結させるという長所を持ち，複数のオペレーティング・システムの利用者は，Javaで書かれたプログラムから完全なバンドワゴンの便益を受け取ることができる（後略）」と指摘している[159]。

この階層介入により，新たな階層としてJavaの階層[160]が形成された。利用者は，Javaが動作するチップとOSであればどれを使おうと同じ便益を受けることができる。そのため，Javaを開発言語としてアプリケーションを開発しようという開発者のインセンティブが高まる[161]こととなる。これにより，

UnixやWindowsなど，単一のOS上でしか走らないアプリケーション開発者の多くが，Javaでの開発に興味を持つことになり，開発環境における主流となるプラットフォーム製品の階層が，それまでの特定OS階層からJavaの階層へと移行するインセンティブが生まれた。

　サン社がJavaのソースプログラムを公開して，3年間で100万人以上[162]のプログラマーの賛同を得ることができたのは，プログラマーのエコシステムを機能させたからだと言われている。会社という事業体の枠を超えてプログラマーのエコシステムを形成し，他社の開発成果や，導入事例を参照しながら次期システムの在り方を考えた。エンジニアは，優れたアイデアを事業化しようと，企業が動くときには安心して仕事に邁進する。そうでなくなると存在意義を失い転職してしまう。1996年に30人でスタートしたJavaは1999年に1,500人のスタッフを擁する開発部隊[163]となった。

◇**マルチホーミングコストの低減**

　この点において，Javaは無償[164]で提供し，誰もがインターネットでダウンロードできる仕組みをとった。これにより，ユーザーのマルチホーミングコストを低く抑え，普及を促していくことが可能であった。急速に普及を果たしているJavaに対し，マイクロソフト社は「ライセンス料は将来，普及した後で大幅に吊り上げられるかもしれない」と批判した[165]。また，将来的に課金されるのではないかというユーザーや開発者の不安に対し，その懸念を払拭している。1998年3月，サン社のチーフ・サイエンティストであったジョン・ゲイジ（John Gage）は，5年後あるいは7年後のサン社のビジネスモデルはどのようなものになっているのか，という質問に対し「（サン社が）Javaのライセンスで儲けることを考えないのは今と同じだ」と答えている[166]。

◇隣接対象プラットフォーム製品の多数選定

　介入先の対象とする隣接階層に関して，Javaは広く普及した（もしくは普及しそうな）階層内のプラットフォーム製品をターゲットに選定して介入した。具体的には，既に広く普及しているWindowsやLinuxやUnixなどの隣接階層内のプラットフォーム製品をとらえ，それらを梃子に介入した。Javaの場合は，アプリケーション階層とOS階層間に下位階層に対してオープンなインターフェイスを持つ製品として介入している。OS階層で大きなプレゼンスを有するWindowsをターゲットとして選定したことは，補完関係にあるプラットフォーム製品を利用して短期間のうちに拡大を図ることを可能にした。そして結果としてWindowsの市場支配力を削ぐことになった。この点について末松・ベネット（1996）は「JavaはOSに依存しないプラットフォームであり，その普及は，当然のことながら，OSの市場を独占しているWindowsの相対的パワーを弱めることになる。しかもJavaは，今後大きく開かれようとしているコンピュータ家電に最適なプラットフォームであるから，その市場での普及を許せば，マイクロソフト社の発展性は断たれてしまうと言っても過言ではないだろう（後略）」と説明している[167]。

　加えて，オープンなインターフェイスを堅持することで，多数のプラットフォーム製品と隣接する状況を維持した。互換性を保証するために，サン社は140社以上のパートナー企業とライセンス契約を結び，各社にはソフト出荷時に1万件以上の診断テストを行うことを約束してもらっている[168]。また，マイクロソフト社のWORAを阻害する動きには断固として対抗してきた。

◇持続的収益確保モデルの遂行

　サン社はJavaを無償で提供し，Java自体からの収益はほとんど期待せず，その宣伝効果によるブランド力の向上や，賛同してくれる企業数のアピールによるマーケティング効果などによって，商用OSやハードウェアなど補完製品の売上から収益を得た。それゆえJava普及の成功とは裏腹に，その開発と普及活動に相当の投資をしてきたにもかかわらず，サン社自体はその恩恵を間接

的な形でしか享受できなかった。Javaはその後，JCP[169]にその運営を任せることとなるが，サン社は持続的な収益確保の構築と実現に大きな課題を残すこととなった。

　事実，Javaは1995年のデビュー当時から明確な事業化の成算があったわけではない。松下・臼井（1998）によると，シュミットは，Javaをインターネットでただでばら撒くという意思決定をサン社の幹部が行ったときも「周囲の雰囲気は『お前はわが社のテクノロジーをマイクロソフト社をはじめとする競合会社に渡すつもりか。どうやって儲けを出そうと言うのだ』。当時，私はこれに答えられなかった。どうにかなるとは思ったけれど。嘘をつこうかとさえ思った」とコメントしている[170]。

◆Java介入による階層間関係とポジションの変化

　階層介入型プラットフォーム製品は，既存のレイヤースタックの階層間に後から「介入」することにより階層間関係やプラットフォーム製品間関係に影響を及ぼし，変化させてしまう可能性を持つ（図7－5）。

　図7－5は，Javaが介入する前と後での階層構造を表している。介入前は

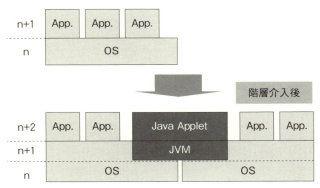

図7－5●Javaによる階層介入図

（注）JVM：Java Virtual Machineの略。

nレベル階層にOS，n＋1レベル階層にアプリケーションがある。介入後は，n＋1レベル階層にJVMが介入し，n＋2レベル階層にJavaアプレットがダウンロードされる。介入階層はJVMであり，JVMはJavaアプレットがダウンロードされるときにのみ機能する。JVMは事前にOSにインストールされてい

表7－3 ■Javaにおける介入前後の変化

階　層	隣接下位階層	隣接上位階層	介入階層（中位）
該当製品	サーバーOS（Unix・Linux・Windows他）	業務用アプリケーション	JVM（Java仮想マシン）
参入時期	先発	後発	後発

【階層介入前】

上下隣接階層間のプラットフォーム製品対応関係	1つのOSに対し複数のアプリケーションを走らせることができる。OSとアプリケーションは1対多の対応である。	1つのOSに対し複数のアプリケーションを走らせることができる。OSとアプリケーションは1対多の対応である。	
各階層のプラットフォーム製品戦略	隣接することで，階層間ネットワーク効果を発揮し，プラットフォーム製品戦略を遂行する。OS提供者は，より多くの普及が進んだ（もしくは進む見込みのある）アプリケーションと手を組むことが肝要となる。	隣接することで，階層間ネットワーク効果を発揮し，プラットフォーム製品戦略を遂行する。	
ソフトウェア・レイヤースタック内でのドミナント状況	特定のOSがドミナント・プラットフォーム製品になる可能性がある。	数多くの特定OS専用のアプリケーションが濫立しアプリケーションがOSを凌駕し，ドミナント・プラットフォーム製品になる可能性はかなり低い。	

【階層介入後】

上下隣接階層間のプラットフォーム製品対応関係	1つのOSに対しJavaアプリケーションやJava Appletを含む複数アプリケーションが走る。OSとアプリケーションは1対多の対応であり，階層介入前と変わらない。また，OSとJVMは1対1の対応である。	複数アプリケーションがOS上を走る。OSとアプリケーションは1対多の対応であり，階層介入前と変わらない。	1つのJVMに対して1つのOSが対応する。JVMとOSは1対1の対応である。JVMによりOSに依存せず，その上でさまざまなJavaアプリケーションやJavaアプレットが走るため，JavaアプリケーションやJava AppletとJVMは**多対1の対応となる。**
各階層のプラットフォーム製品戦略	理論的にはJavaの普及によりOSの普及も少なからず促進される可能性はあるが，自社OSのみを普及させることはできない。	Javaアプリケーションやjavaアプレットの増加により，既存の非Java業務用アプリの需要は相対的に減少する可能性がある。	Javaアプリケーションやjavaアプレットが正常に走るように，インストール・ベースのOSにJVMをインストールする。Java開発者を増加させる。
ソフトウェア・レイヤースタック内でのドミナント状況	コモディティ化に陥るリスクが高まる。	数多くの特定OS専用のアプリケーションが濫立する。アプリケーションがOSを凌駕するようなドミナント・プラットフォーム製品になる可能性はかなり低い。	JVM上にダウンロードされるアプリケーションやJavaアプレットにより，ドミナント・プラットフォーム製品になる可能性がある。

ることが条件となる。介入する階層はJVMであるが，本書ではJavaアプレットとセットでJava階層と表記する。

　具体的に，Javaの投入によってそれらの隣接階層にどのような変化をもたらしたのかに関して，階層間の対応関係，各階層のプラットフォーム製品戦略，ソフトウェア・レイヤースタック内でのドミナント状況を投入以前と投入後を比較しながらまとめる（表7－3）。

　この表により，次のことがわかる。

- Java仮想マシン階層の介入は，階層介入以前の上位階層と下位階層の階層間での対応を変化させる。
- 各階層のプラットフォーム製品戦略は，2階層間もしくは3階層間で階層間ネットワーク効果を利用し拡販を続けるという点では，階層介入前後で変化はない。
- レイヤースタック内でのポジションはJava階層の介入によって，下位階層のOSはコモディティ化に陥るリスクが高まるのに対して，Java階層自体はドミナント・プラットフォーム製品になる可能性が高まる。

IMPLICATION

インプリケーション4　ネットワーク効果と意図せざる結果

　プラットフォーム製品提供者にとって，自社1社で独占的にプラットフォーム製品を推し進めていくことができれば良いが，実際には1社がすべてを提供することは容易ではない。例えば，コンシューマー向けPCのOS市場をほぼ独占したマイクロソフト社も，チップや筐体は多くのハードウェアメーカーと提携して，ネットワーク効果を活かした多様性を持つことで，ユーザーの便益に貢献している。ネットワーク効果はこのように，ユーザーに多様性の便益を提供するが，多様性の受け止め方の違いが「意図せざる結果」を生んだのではないかという仮説をインプリケーションとして提起したい。

　アップルの提供するiPhoneの国内シェアは，2014年第4四半期の調査結果では6割，これに対しグーグルの提供するAndroidを搭載したスマートフォンは4割弱とのことである。これは，先進国の中でも特殊な例で，他のドイツ・中国・フランス・イタリア・米国などと比べ，iPhoneのシェアが極めて高い。なぜ日本だけがこのようにiPhoneのシェアが高いのかという疑問が湧く。
　理由に関してさまざまな仮説が議論されている。「日本以外では，iPhoneは価格が高く，お金持ちしか買えない」「日本では，安いAndroidスマートフォンが少なく，両者の価格差がほとんどない」「iPhoneはおしゃれな印象，Androidスマートフォンの印象は薄い」などである。
　市場調査等を見ていると，国内のiPhoneユーザーの年齢層はAndroidのスマートフォン・ユーザーに比べて若い年齢層（20代〜30代）で，特に女性の割合が多いことに気が付く。その世代のiPhoneユーザー男女に，購入選択の理由を聞

いてみると，iPhoneは日本の若者にとってブランドであり「みんなと同じものを使いたい（友達と違うものは嫌だ）」でも「自分なりの個性でケース（外観）を飾りたい（友達と同じものは嫌だ）」という相反する複雑な心理が垣間見られる。

　本来，他人と同じものに賛同することは，バンドワゴン効果と呼ばれ，ネットワーク効果の正（ポジティブ）の効果として働く。一方，他人と同じものには賛同しないことはスノッブ効果と呼ばれている。ハードウェア（本体）階層，補完製品（ケース）階層で，それぞれ階層ごとに異なる効果が発揮されているのは興味深い。

　確かに，Amazonでスマートフォンのカバーを検索すると，iPhone用では400種類以上のケースがピックアップされる。なかには腕ベルト付水中用防水ケースや，バットマンマスク型衝撃吸収ケースなどさまざまな種類が提供されている。一方，サムソンのスマートフォンのケースは80種類程度しかない。

　多様性を求めるならメーカーの選択肢（ソニー，富士通，サムソン，シャープなど）のあるAndroidのスマートフォンを選ぶと考えがちだが，メーカーによって本体の大きさや形が異なるため，それに合わせたケースの種類は単一の大きさのiPhoneに比べるとかなり少ない。ここが重要なポイントで，あくまで仮説ではあるが，日本の若者は，メーカーの多様性は好まず，スマートフォンを覆うケースの多様性を個性のアピールとして好んでいる傾向があるのかも知れない。補完製品の多様性に関わる，ネットワーク効果の意外な（プラットフォーム製品提供者にとっては意図せざる）結果ではないだろうか。

Q　身近な事例や自身の業界で，ネットワーク効果のレバレッジが，意図せざる結果を生み出していると思われるものにはどのようなものがあるか。（あくまで仮説で良いので）考えてみてください。

第2節　VMware事例の考察

　次に階層介入の事例としてVMwareを取り上げる。ヴイエムウェア社は仮想化ソフトをはじめとして，多様な仮想マシン環境構築用ソフトウェアやサービスを提供している。通常「VMware」と表記する場合，ヴイエムウェア社の社名とヴイエムウェア社が提供するVMwareファミリー製品を指すが，本書

では社名はヴイエムウェア社とし，VMwareと表記する場合は，本書の中で取り上げるVMware ESXやVMware ESXiを指すものとする。

ヴイエムウェア社（VMware, Inc.）は，コンピュータの仮想化用ソフトウェアを製造・販売する，米カリフォルニア州パロアルト市に本拠を置く会社である。ヴイエムウェア社は1998年に設立され，2004年1月にEMCコーポレーションによって買収された[171]。2007年8月にはニューヨーク証券取引所で株式公開した[172]。また2003年には日本法人であるヴイエムウェア株式会社（VMware K.K.）が設立され，現在（2013年9月23日）の所在地は東京都港区となっている[173]。本節で取り上げるVMwareなどの仮想化ソフトウェアの製品情報は2013年9月現在のデータに基づいており，それ以降のバージョンアップや名称変更には対応していない。

◆VMwareとは

VMwareはヴイエムウェア社が提供する仮想マシン構築のためのソフトウェアで，主力製品としてVMware ESX，ESXiがある[174]。

ヴイエムウェア社は，x86ベースのアーキテクチャにおいて，仮想化の仕組みを初めて実現した企業である。ヴイエムウェア社は，1999年にx86ベースのコンピュータ上に仮想マシンを構築するVMware Workstationを発表し，PCの仮想化を実現した[175]。この技術をサーバーに発展させたものが，2001年にリリースされたVMware GSX Serverおよび2002年に発表されたVMware ESXである[176]。

VMware ESXは，現在仮想化ソフトウェア製品パッケージであるVMware vSphereの一部として有償で販売されており，サービス・コンソール[177]などの機能を制限したVMware ESXiは無償で入手して利用することができる。仮想化の機能自体は両者で違いはない[178]。

VMware ESXはハードウェア上で直接動作し，仮想的に構築されたコンピュータ上でさまざまな種類のOS（ゲストOS）を動作させることができる。ゲストOSに仮想化のための修正を必要としない「完全仮想化」型のハイパーバ

イザーで，通常のOS製品を仮想マシンにそのままインストールして利用することができる。

VMware ESXのアーキテクチャの中心は，VMkernelと呼ばれる専用のハイパーバイザーである。VMkernelは，プロセッサ，メモリ，ストレージおよびネットワークといったハードウェア資源を抽象化して管理し，要求に応じた資源の割り振りを行う[179]。VMware ESXは，完全仮想化を実現するハイパーバイザー方式の仮想化ソフトウェアであるため，WindowsやLinuxといったような一般的なホストOSを必要としない。ハイパーバイザーが直接x86ハードウェア上で動作する[180]。VMkernelでは64bitのゲストOSを稼働させるときのみIntel VT[181]やAMD-V[182]などのプロセッサの仮想化支援機能が必要となる。32bitのゲストOSだけを稼働させている環境では，これらのプロセッサ側の支援機能の対応は必要としていない[183]。VMware ESXには，VMkernelのほかにLinuxベースのサービス・コンソールと呼ばれる管理用のOSがある。なお，無償で提供されているVMware ESXiには，サービス・コンソールが含まれていないため，リモートの管理端末からRemote CLI[184]（コマンドライン・インターフェイスによるリモート管理ツール）を使用することによって一部の操作を行うことができる[185]。

ゲストOSがインストールされるのは，VMkernelの上で動作する仮想化されたx86ハードウェアである。ゲストOSは，仮想マシン上で動作していることを特に意識する必要はない。言い換えれば，WindowsやLinuxを含むx86に対応したOSを，特別な変更を必要とせずにそのまま稼働させることができる[186]。それぞれの仮想マシンは独立性を持っており，どれか1つの仮想マシンの障害が，他に対して影響を及ぼすことがないようになっている[187]。

またVMware VMotionという製品を使うと，ゲストOSを稼働させたまま仮想マシンを他の物理サーバーに移動させるライブマイグレーションの実行が可能になる[188]。VMotionは，仮想マシンの移動にダウンタイムを必要としないため，サーバーのメンテナンス時の計画的な停止の時間帯に有効活用できる。加えて，Storage VMotionの機能により，同様に仮想マシンの実行中に仮想デ

ィスクを，別のストレージに移動させることも可能である[189]。Storage VMotionはストレージの増設に伴う移行などの際に，ダウンタイムなしに作業を行うことができ，VMware VMotionと同様にデータセンター全体の利用に有効とされる[190]。

◇ヴイエムウェア社のx86仮想化における貢献

ヴイエムウェア社は，自社のホームページでx86仮想化における貢献を以下のように説明している[191]。

仮想化の技術は，古くはメインフレーム時代にすでに存在したものであった。しかし，メインフレームの場合とは異なり，x86コンピュータは完全な仮想化をサポートするようには設計されていなかった。ヴイエムウェア社は，x86コンピュータで仮想マシンを作成するために，大きな課題を克服する必要があった[192]。

メインフレームと，PCに内蔵されている多くのCPUの基本的な機能は，格納されている一連の命令（ソフトウェア・プログラム）を実行することにある。x86のプロセッサには，仮想化において問題となる17種類の特定の命令がある。これらの命令により，警告が表示されたり，アプリケーションが停止したり，すべてがクラッシュすることがある。x86コンピュータ上へ最初に仮想化を実装する際，これらの17種類の命令が大きな障害となった[193]。

問題を引き起こすこれらの命令をx86アーキテクチャで処理するため，ヴイエムウェア社は問題となる命令が生成されると，それを「トラップ」[194]し，仮想化が可能な安全な命令に変換するという仮想化手法を開発した。他のすべての命令は，この処理の影響を受けずに実行される。これにより，ホストハードウェアに適合し，ソフトウェアの全体的な互換性を維持する，仮想マシンを実現することができた。ヴイエムウェア社はこの手法をいち早く実用化した企業である[195]。その貢献により，仮想化テクノロジー開発の先駆的リーダーとして知られている。

KEY WORD

キーワード22　サーバー仮想化

　サーバー仮想化とは，1台のサーバー（物理サーバー）を複数台の仮想的なサーバー（仮想サーバー）に分割して利用する仕組みである。それぞれの仮想サーバーではOSやアプリケーションを実行させることができ，あたかも独立したコンピュータのように使用することができる。社内でビジネスや業務の変化に対応すべく新たなシステムを構築する際にも，仮想化環境ではハードウェア等を新たに購入しなくても新サーバーを容易に追加することができるので，変化にすばやく対応できる。
　サーバー仮想化のユーザーのメリットを挙げると，以下となる。
① サーバー台数の集約／運用の効率化
② 過去のIT投資資産の保護
③ 事業の継続と災害時対策（ディザスター・リカバリーならびにビジネス・コンティニュイティ）
④ 業務アプリケーション開発の迅速化
⑤ 開発におけるコストの低減化

◇ヴイエムウェア社設立の歴史

　サーバー仮想化の歴史は古く，IBM社のメインフレーム用にリリースしたSystem/360向けのOSにまで遡る。スタンフォード大でヴイエムウェア社の創業者の1人でもあるローゼンブラム准教授のグループが，メインフレームで行っていた技術をx86CPUのシステムに応用した。この技術が確立し製品化のめどが立って，ヴイエムウェア社は，1998年シリコンバレーでスタンフォード大とUCバークレーの5人の研究者[196]によって設立された。

　以下では，ヴイエムウェア社設立後の初期の経緯を時系列で簡単に説明する[197]。

1998年1月　ヴイエムウェア社創立（米国カリフォルニア州パロアルト市のビレッジ・チーズ・ハウスと呼ばれていたみすぼらしいオフ

ィスにて)

2000年5月　Dellならびに，ベリタスソフトウェアによる企業投資家と，アズレ・キャピタル・パートナーズ，チェースH&Qならびにゴールドマン・サックスによる機関投資家から2,000万ドルを調達[198]。シリコンバレー投資銀行コミュニティから上場を投げかけられるも，この時点では非公開を保持。

2001年　ホストOSのいらないハイパーバイザー型　VMware ESXをリリース。

2002年11月　マイクロソフト社から企業買収の提案を受けるが，拒否[199]。

2003年12月　ストレージベンダーのリーダー企業EMCに，6,350万ドルで買収され100％子会社[200]となることを発表する。EMCと直接競合関係にあるHPやIBM社に配慮し，ヴイエムウェア社は独立した子会社として運営されることとなる。

2007年8月　ニューヨーク証券取引所で保有株の一部を新規株式公開(IPO)[201]。その直前，シリコンバレーの2大企業(インテルとシスコシステムズ)がそれぞれ2.5％と1.5％の株を保有[202]し，EMCの株保有率は86％となる。この年，売り上げは前年度の80％以上の増加で13億2,581万ドル，利益マージンは17％[203]となる。また，歳入の22％をR&Dに投資[204]。

2008年7月　マイクロソフト社の元幹部ポール・マリッツ(Paul Maritz)[205]をCEOに迎える。この年の中頃，従業員が6,000人を超える[206](2003年時は370人)。

COMMENTARY

解説5　技術経営とスタートアップ

　創業間もないスタートアップ企業においては，成長軌道に乗るまでの間，常に倒産のリスクが伴う。特に技術を核とした製品を扱うスタートアップ企業においては，研究開発で生まれた技術シーズが市場に製品化されて売り出され，事業化ひいては産業となるためには，数々の越えなければならないハードルが存在する。その代表的なものを表現したものが，「死の谷」「ダーウィンの海」。

　「死の谷」（Valley of Death）：多くの新たなプロジェクトが資金不足で頓挫しており，せっかくの技術が「死」に追いやられている状況の比喩。研究開発の成果が実用化されるまでの間，開発コストがかさみ資金不足に陥り，事業に結びつかないで消えてしまうことを表すメタファー。「死の谷」の谷底には，谷を渡れずに落ちた先人の屍が転がっている。この谷を渡りきるための仕組みの1つがベンチャーキャピタル等による資金提供である。

　「ダーウィンの海」（Darwinian Sea）：生物進化と同様，荒波をうまく乗り切って対岸に着いた者だけが生き残ることができる比喩。研究開発を経てようやくそれが実用化に至って（死の谷をクリアして）も，その製品には既存製品との競争が待ち受けている。「ダーウィンの海」は，弱肉強食の世界。「死の谷」を渡って一応ビジネスとしてはスタートしたが，他との競争に打ち勝てずに死に絶えるリスクを表現するメタファー。このフェーズで重要なのはキャッシュだけではなく経営手腕であり，製品を世に広めるための組織を牽引して運営するマネジメント力などである。

　シリコンバレーの強みとして，スタートアップ企業へのベンチャーキャピタルによる資金提供の充実と，キャピタリストによるハンズオン経営の手腕が挙げられる。ハンズオン経営とは，社長や社外取締役などを投資先企業に派遣し，自らが経営に深く関与する経営スタイルのことである。

◇VMwareユーザ会（VMUG）の設立とコミュニティ

　ヴイエムウェア社の日本法人は，世界の各国で展開しているVMware User Group（VMUG）[207]の日本組織として「VMwareユーザ会」[208]を2011年に設立した。そこでは，VMware製品に関する戦略，技術などの情報の共有，VMwareおよびパートナー製品の活用方法の研究と同時に，会員相互のコミュニケーション，親睦などのネットワーク構築を行える「場」の提供を目指している。

具体的には，会員企業間で，現場にあるノウハウや技術情報などの相互共有できるように，定期的に「仮想インフラ最適化部会」「クラウド部会」「デスクトップ仮想化部会」などの部会を開催し，会員のヴイエムウェア社の製品および関連ソリューションに対する理解の深化を行っている[209]。

会員資格は，VMware vSphereやVMware vCenter Serverなど企業向け製品を導入し，利用している団体およびその事業所，部門とし，会費は無料である[210]。

また，Japan Online Forum[211]というコミュニティサイトでは，ウェブ上でユーザーがヴイエムウェア社が提供するソフトウェア製品の使用法に関する相談やトラブル解決法などを投稿し，それに別のユーザーが答えるという仕組みがつくられている。さまざまな製品のカテゴリに分けて，多くの投稿が寄せられている。

◇サーバー仮想化とその方式

仮想化（Virtualization）とは，コンピュータにおいて物理リソース[212]の抽象化を指す用語である。仮想化技術によって，単一の物理リソースを複数の論理リソースに見せかけたり，複数の物理リソースを単一の論理リソースに見せかけたりすることが可能となる。言い換えれば，この技術によって，コンピュータ・リソースを物理的構成にとらわれずに論理的に統合や分割，または交換することができるようになる[213]。

サーバーの仮想化[214]の機能として，パーティショニング[215]，隔離[216]，カプセル化[217]などがあり，これらの機能により，1台の物理サーバーマシン上で複数のOSを稼働させたり，障害（クラッシュ，ウィルス感染，パフォーマンス低下など）を仮想マシンに隔離し，他の仮想マシンへの影響を防いだり，ファイルの移動とコピー同様，仮想マシンを容易に移動およびコピーができるなどのメリットを享受できる[218]。

サーバー仮想化のソリューションとして仮想マシン方式があり，仮想マシン方式はホストOS型とハイパーバイザー型に大別される[219]。ホストOS型は，

図7-6 ●ホストOS型仮想化階層図[223]

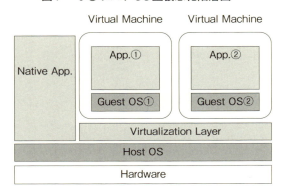

ホストOS上に仮想ソフトウェアをアプリケーションとしてインストールし、その上で仮想マシンを動作させる技術である（**図7-6**）。

図7-6では、仮想化を利用しない場合、ホストOSの上でアプリケーションが動作する（図の左側）。仮想化を利用する場合、ホストOS上に仮想レイヤーが形成される。その上に仮想マシンがつくられ、ゲストOSとアプリケーションが載る（図の右側）。

ホストOS型の仮想化は、WindowsやMacOS X、LinuxといったOSをホストOSとして、その上で仮想化ソフトを実行し、そこで仮想マシンを作成して実行する方法である。仮想化のための専用のOSを用意する必要がなく、あたかも1つのアプリケーションと同じように手軽に実行できるため、別のマシンを用意せずに他のOSを新たにインストールしたい場合や、実験・検証環境などの用途に向いている。また、無償で利用できるソフトも多い[220]。

このホストOS型は、手軽であるというメリットがある一方、デメリットとして実行時のオーバーヘッド[221]が大きいため、仮想マシンの動作速度が遅くなってしまう点がある。仮想化ソフトによっては、専用のドライバやツール類が標準で用意されているので、これらをインストールすることによって多少パフォーマンスが改善されることもある[222]。

図7－7 ●ハイパーバイザー型仮想化階層図[228]

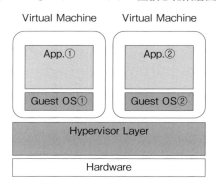

　一方のハイパーバイザー型は、ハードウェアのBIOS[224]上に直接、仮想ソフトウェアを動かし、その上で仮想マシンを動作させる技術である（図7－7）。ホストOS層を介さずに仮想マシンが稼働するため、オーバーヘッドが少なくて済む。それによりホスト型よりもパフォーマンスが高く、サーバー仮想化の主流となってきている[225]。

　図7－7では、ハードウェア上にハイパーバイザーによる仮想化レイヤーが形成され、その仮想化レイヤー上に仮想マシンがつくられ、ゲストOSとアプリケーションが載る。
　ハイパーバイザー型の場合、仮想マシンの実現方法に「完全仮想化」と「準仮想化」の2通りの方法がある。完全仮想化は、物理マシンを完全に仮想マシンとして実現する方法で、WindowsなどのOSに手を加えることなく、そのまま仮想マシンで実行することが可能である。VMware ESX, ESXiはこの方法である[226]。
　一方の準仮想化は、OSのカーネル内で行われる物理マシンに対するシステムコールに手を加え、ハイパーバイザー固有の「ハイパーバイザーコール」[227]を呼び出す形に修正して実行する方法である。ハイパーバイザーの機能を直接利用するため、オーバーヘッドを抑えて仮想マシンを高速に実行することがで

きる。この方法でのソフトウェアは，シトリックスのCitrix XenServerやノベルといったベンダーから提供されている[229]。

◇サーバー仮想化の歴史と背景

　仮想マシンの歴史は古く，1972年にIBM社がメインフレーム用にリリースしたSystem/370まで遡る[230]。その当時の仮想化は，高価なコンピュータ・リソースを無駄なく余すことなく使用することが主たる役目であった。それから20数年を経て，スタンフォード大学のメンデル・ローゼンブラム准教授のグループはメインフレームで使っていた仮想化技術をベースに，x86 CPUのシステムで仮想化を実現する研究を行っていた。この技術が確立され製品化のめどが立って，ヴイエムウェア社はシリコンバレーで1998年に設立され，翌1999年にまずLinuxで仮想マシンを動かすVMware Workstationが，その後Windowsで仮想化を行う製品をリリースした[231]。ヴイエムウェア社は，設立当初はテクノロジー・カンパニーで，シリコンバレーによくある「こんなテクノロジーを作ってみたけど，何かに使えないかな」的な存在であった[232]。

　ホストOS型の仮想化ソフトウェアの場合には，仮想化ソフトウェアはホストOSのアプリケーションとして動く。その場合，仮想マシンへのCPU割り当てやメモリアロケーション，ディスク／ネットワークの処理はすべてホストOSが行うこととなる。また，ホストOS型の仮想化ソフトウェアでサーバーOSを仮想マシンで動かす場合には，他のアプリケーションを一緒に動かすことはほとんどないという現状があった[233]。言い換えれば，業務では仮想化ソフトウェアだけをホストOSで動かすことが一般的であった。その際，仮想マシンはオーバーヘッドが大きくなり処理が重いことや，仮想マシンに最適なリソース制御を行えないことが，データセンターでの使用での課題となっていた。また，ホストOSのメンテナンスやホストのクラッシュなどのトラブル時は，その上で動いている仮想マシンがすべてダウンしてしまうことも大きな懸念事項であった[234]。

　そこで，仮想マシンのための専用OSの必要性が高まることとなった。この

専用OSの働きをするものをVMwareではVMkernelと呼び，現在ハイパーバイザーと呼ばれるものとなる[235]。基本的な仮想化アーキテクチャはVMware Workstationのものを引き継ぎ，それまでホストOSで行わせていたリソーススケジューリングやディスク／ネットワークに対する入出力を新たにVMkernelで行わせた。この製品は，2002年，ESX Serverと名づけられ，その後継は現在のヴイエムウェア社の仮想化製品の主流となっている[236]。

ヴイエムウェア社がESX Server 1.0をリリースしたのとほぼ同時期，イギリスのケンブリッジ大学で，イアン・プラット（Ian Pratt）教授のグループが新しいハイパーバイザーの開発を開始した[237]。当初からハイパーバイザーを前提とした設計で，仮想化のCPUオーバーヘッドを小さくし，仮想化におけるパフォーマンスの損失を最小限に抑えるようにしたことが特徴である。このため，仮想マシンで動くOSは，ハイパーバイザーと協調して動くように修正する。これが，準仮想化OSと呼ばれるものである[238]。

2005年初頭，オープンソースのソフトウェアパッケージとしてリリースされていたXenは，Linuxディストリビュータ，CPUベンダーだけではなく，サン社やHP，IBM社などからサポート表明を受けた[239]。これにより，Xenを取り巻く環境は大きく変わることとなる。Linuxはカーネルを準仮想化し，Xen上で仮想マシンとして動くようにし，Xenのプロジェクトリーダであるイアン・プラットは2005年に，ヴイエムウェア社と同じシリコンバレーで，Xenベースの商用ソフトウェア・ビジネスのためXenSource（後にシトリックスに買収される）を設立する[240]。

Xenは，カーネルの修正を必要とするため，当初はLinux用仮想マシンソフトウェアという位置付けであったが，インテルとAMDがCPUで仮想化の支援を行う機能を発表したことで，Xenは準仮想化OSだけでなく，Windowsのように修正していないOSもゲストOSとして動かすことができるようになった[241]。

◇サーバー仮想化からクラウドへの移行

　仮想化のこれまでの用途としては，サーバー仮想化は主として「ITリソースの効率向上」を目標に進化・発展を続けてきた。現状の低いサーバーの利用率を前提に，仮想化によるサーバー統合でこの利用率を大きく引き上げられるというのが，初期の仮想化技術導入の大きなメリットとしてアピールされてきた[242]。いわゆるコスト削減の視点である。

　次いで，新しいサービスやアプリケーションを稼働させるためには，まずハードウェアの選定・調達から始まるプロセスを経る必要があり，従来は期間も数週間から数か月を要していた。しかし，仮想化されたインフラを前提にすれば，標準化された仮想サーバー環境を，既存の仮想化インフラのリソースを割り当てて稼働させるという作業なら，数分から長くても数時間程度でできてしまう[243]。これによって生じるメリットも，コスト削減である。

　しかし，仮想化技術はコスト削減のためだけの手段ではない。民間調査会社のガートナー（Gartner）によると，仮想化を単なる集約プロジェクトやコスト削減プロジェクトと見なすべきではなく，クラウド・コンピューティングの採用に向けたロードマップの出発点としても認識することが重要であると説明している[244]。その上で，仮想化からクラウド・コンピューティングへのロードマップには5つのステージがあると提起している。そこでは，ステージ1：サーバーの仮想化，ステージ2：分散仮想化，ステージ3：プライベート・クラウド，ステージ4：ハイブリッド・クラウド，ステージ5：パブリック・クラウドという仮想化のステージで，社内ITインフラの仮想化は移行していくと説明している[245]。

　このように，仮想化技術を単にITのコスト削減と効率向上のための手段としてではなく，より積極的にビジネス上のメリットに直結する存在として位置付けていく，という考え方が今後主流となっていくと考えられる。

　ちなみに，これまで仮想化インフラの構築を強力に推進してきたヴイエムウェア社では，仮想化インフラをクラウド実現のための重要な前提条件と位置付けている。

パブリック・クラウドサービスの場合は，不特定多数が「サービスとして」利用できる点が重要であるが，自社内に保有するITインフラを前提としたプライベート・クラウドの場合は，社内向けに「サービスとして」提供される。言い換えれば，社内のIT環境を仮想化するプロセスは，社内のIT環境をプライベート・クラウド化するということの前段階になっていると理解できる[246]。

加えて，必要とされるサービスレベル，セキュリティ，運用ポリシーといった要件は，企業によってさまざまに異なる。サービス化されたITのリソースは，ユーザーの需要に応えるための適切な要件を満足させる必要がある。言い換えれば，自社の需要に応じて，プライベート・クラウドを適切に設計していく必要が生じる[247]。これまで社内ネットワークインフラなどの進化に関しては，はじめはコストの削減から始まり，やがて戦略的なITツールとして，ビジネスの成果に直接貢献させるといった目標があった。そして近い将来，プライベート・クラウドやパブリック・クラウドの採用に対しても，同じ目標が期待される可能性は高いと考えられる。

◇マイクロソフト社の仮想化への取り組みとHyper-V
「マイクロソフト社は，既存のビジネスモデルによって数十億ドルを稼いできたし，今も稼いでいる。（中略）しかし，その未来についてもっとも当たり障りのない見方をしている支持者でも，彼らが相手にしている市場で，まもなくすべてがひっくり返ろうとしていることは，否定できないだろう。ソフトウェアは，サービスに道を譲ろうとしている。（中略）そして，ユーザーは，本当の意味で他社製品との相互運用を実現しようとしないベンダーに封じ込められるのを否定するようになってきている」とFoley (2008) は，マイクロソフト社がクラウドの普及により，プロプライエタリなオンプレミス型のビジネスモデルから変化せざるを得ない状況を指摘している[248]。Foley (2008) はまた，マイクロソフト社は，その状況に対応すべく，すでに多くの仮想化ソフトウェアをリリースしていると以下を説明している（以下，該当記載部分の抜粋）[249]。

①バーチャルPC：Windows上で，古いアプリケーションや互換性を持っ

KEY WORD

キーワード23　クラウド・コンピューティング

　ソフトウェアやハードウェアの利用権などを，ネットワーク越しにサービスとして利用者に提供する方式を「クラウド・コンピューティング」と呼ぶ。それに対し，従来の利用者が自ら設備を所有して構築したシステムを「オンプレミス型」と言う。かつて情報システムはオンプレミス型で構築されていた。クラウド・コンピューティングでは，ユーザーがインターネットの向こう側から計算資源となるサービスを受けるため，必要なものは最低限の接続環境とサービス利用料のみとなる。

　具体的なクラウドの利用法として，ある回転寿司のチェーンの事例がある。そのチェーン店では，来店顧客が何皿食べたかということしかわからず，大まかな人気商品の傾向はわかっても，時間帯，天気等による傾向や変化を正確に読み取ることができないという課題を抱えていた。そこで，年間約12億皿分の消費傾向のデータをクラウドを使って，多額の費用をかけることなく分析した。これにより顧客の人数とテーブルへの着席時間から，1分後と15分後の需要をシステムが予測し，この需要予測をもとに，レーンに流すネタや量を決めるなど，店舗ごとの厨房内のきめ細かな寿司ネタ供給を実現させた。また廃棄率も大きく改善できた。

ていないアプリケーションをホストするためのデスクトップ環境。

②Hyper-V：Windows Server仮想化，ハイパーバイザーとも呼ばれる。（後述）

③システムセンター・バーチャルマシンマネジャー：ホスト・コンフィグレーション，仮想マシンの作成，ライブラリ管理，インテリジェントVMプレースメント，モニタリング，急速復旧，セルフ・プロビジョニング，オートメーションを管理する製品。

④バーチャルサーバー：サーバーベース製品で，ホストのWindows Server上でゲストを実行できるようにする。

⑤ソフトグリッド：アプリケーションの仮想化テクノロジー。

⑥ターミナルサービス：「プレゼンテーション仮想化」ソリューションとして販売できるよう強化されている。

このようなマイクロソフト社の動きは，自社ならびに競合による仮想化製品によって，Windowsとマイクロソフト Officeが，これまで築いてきた容易に達成できない高いシェアが蝕(むしば)まれるのを防ぐために，現在と将来の仮想化製品を，いつ，どのようにして，どのようなライセンシング形態で顧客に提供するかについて，しっかりと統制しようとしていると，Foley（2008）は指摘している。

　前述のマイクロソフト社が提供する仮想化ソフトウェア製品の中で，ヴイエムウェア社にとって最も脅威となるHyper-Vについて以下に説明する。
　Hyper-Vは，Windows Server 2008 x64とセットになって動作するソフトウェアである。Hyper-Vは，OSとハードウェアの間にWindowsハイパーバイザーと呼ばれる薄い層を形成する[250]。以前の仮想化のようなエミュレーション層を介すことなく，ゲストOSの命令がハードウェアに伝わるため，パフォーマンスが改善された[251]。
　OSとして標準搭載されているので，有償であるWindows Server 2008 x64以外の追加コストなしで無償かつ簡単に導入できる[252]。マイクロソフト社のサーバー・アプリケーションと互換性が高く，障害発生時も全体を通じてマイクロソフト社がサポート可能であることを同社は導入のメリットとして挙げている[253]。
　以下は，Windows Server 2008 x64でのHyper-Vのしくみを階層構造として図示したものである。ハードウェア（BIOS）階層と管理OS（この場合はWindows Server 2008 x64）を介してのアプリケーションもしくはゲストOSとの間に，Windows Hypervisor階層が管理OSに含まれる形態で介在する（図7－8）。
　サポートするOSは，
Windows Server 2008 x86 Standard/Enterprise/Datacenter/Web，Windows Server 2008 x64 Standard/Enterprise/Datacenter/Web，Windows Server 2003 SP2 x86 Standard/Enterprise/Datacenter/Web，Windows Server 2003

図7－8 ● Windows Server 2008 x64でのHyper-Vの仮想化階層図[254]

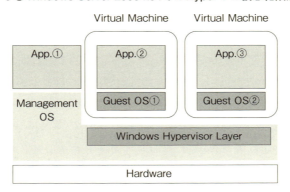

SP2 x64 Standard/Enterprise/Datacenter, Windows 2000 Server SP4 x86 Standard/Advanced Server, Windows Vista SP1 x86 Business/Enterprise/Ultimate, Windows Vista SP1 x64 Business/Enterprise/Ultimate, Windows XP SP3 x86 Professional, Windows XP SP2 x86 Professional, Windows XP SP2 x86 Professional, SUSE Linux Enterprise Server 10 SP1, SP2 x86, SUSE Linux Enterprise Server 10 SP1 SP2 x64[255]である。Linux系では，リリース中のWindowsと，シトリックスやノベルとの協業によるSUSE Linuxがある[256]。サポート対象は主として，新しいWindowsのOSであり，すでにメーカーとしてユーザー・サポートを打ち切った古いOSは含まれていない。この点は，VMware ESXとは異なっている。

◇ Hyper-V の VMware ESX の追い上げ

　マイクロソフト社は，Hyper-VのVMware ESXに対する優位性を自社のウェブや新聞広告，ユーザー向けのカンファレンスなどでアピールしている。「VMware vSphere 5ではなくMicrosoft Hyper-V R2 SP1を選択すべき5つの理由—サーバー仮想化におけるVMwareに対するマイクロソフトの優位性—」[257]と記して，自社ウェブで詳細資料のPDFをダウンロードできるような形態を導入している。その中では，業界内での高い評価と導入顧客，組み込

によるサーバーソフトとの親和性，他のマイクロソフト社製品との連携，可用性の高い管理機能，価格性能比の5点[258]に関して，Hyper-VのVMware ESXに対する優位性についてアピールしている。

　また，仮想化に関するGartner Magic Quadrantという民間調査会社ガートナーが定期的に発行している業界内のプレイヤーの区分において，後発であったマイクロソフト社を，サーバー仮想化インフラストラクチャの「リーダー」[259]として評価している。

　こういった，包括的な訴求効果によってか，民間調査会社IDCによると，2012年第1四半期以降，日本のサーバー仮想化市場の四半期売上において，Hyper-Vはシェア1位の座を保持している。国内のシェアは，Hyper-Vが3四半期連続でトップとなっている。具体的には，2008年第4四半期のシェアで，Hyper-Vが3.9％，VMware ESXが29.2％とその差が25.3％もあったにもかかからず，その後差が徐々に縮小し，2012年第4四半期のシェアでは，Hyper-Vが41.9％，VMware ESXが38.7％とその差が3.2％の逆転となっている[260]。

　2007年9月，サンフランシスコにて開催されたヴイエムウェア社主催の仮想化イベント「VMworld 2007」で当時のCEOのグリーンは，競合のマイクロソフト社が次期サーバーOSの「Windows Server 2008」に仮想化機能を搭載することに関して，「x86ベースの仮想化においては，VMwareの仮想化ソフトが一番信頼性の高いものだと確信しています。マイクロソフト社の仮想化機能は，ユーザーがどうしても必要だと考える一部分の機能しか提供していません。例えばマイクロソフト社は，仮想マシンを止めることなくライブで移行させることが可能な「V-Motion」のような機能は提供していません。ただ，仮想化の世界はこれからもっと発展していくため，ヴイエムウェア社にとっても，マイクロソフト社にとっても戦いの余地はあるでしょう」と語っていた[261]。しかし，圧倒的なインストールド・ベースを保有しているヴイエムウェア社であるが，マイクロソフト社の急速な追い上げに四半期ベースの出荷台数では，逆転を許す結果となってしまった。

◇VMwareにおける成果の限定性

　VMwareの事例で，マイクロソフト社は2008年6月にWindowsに併設する仮想化階層を形成する製品であるHyper-Vを，VMwareの対抗製品として自社サーバーソフトにバンドルするかたちで，市場に投入してきている[262]。いわゆる「プラットフォーム包囲」攻撃である。Hyper-Vは，ヴイエムウェア社の主力製品であるVMware ESXと直接対抗する製品となる。Hyper-Vの仮想化機能は「Windowsハイパーバイザー」と呼ばれる仮想化技術をベースとしており，Windows Serverの64ビット版の機能の1つとして，例えば，Windows Server 2008 x64などに組み込まれて提供されているほか，同社ウェブサイトで「Hyper-V Server」として単体で無償提供されている[263]。

　本来，Windowsを含むLinuxやUnixならびにMacOSに対してオープン性を持つVMwareにとって，数多くある中の1種類のOSからプラットフォーム包囲の攻撃を受けても，理論的にはそれほどのダメージを受けることはないはずである。しかし，Windowsは他のOSと比べて，かなりの大きなシェアを持つため，ヴイエムウェア社にとっての相応のダメージとなったと理解できる。

◇ヴイエムウェア社の戦略と今後の方向性

　仮想化技術は，数十年前から存在する。しかし，x86チップを搭載した主流のコンピュータに搭載されたことにより，同技術は一気に表舞台に飛び出し，技術ならびに企業の将来性から投資の対象として注目を集めた。EMCの子会社であるヴイエムウェア社は，2007年8月に新規株式公開（IPO）を行った[264]。

　ヴイエムウェア社の将来の方向性に対して，CEOのダイアン・グリーンは2007年当時，以下のようにコメントしていた。2007年9月，サンフランシスコで開催されている同社主催のイベントVMworld 2007で開かれた記者会見で，「現在，売り上げの8割以上をハイパーバイザー以外で上げている」と発言した上で，「われわれはこれまで，ユーザーにとっての仮想化の価値を明確にする製品の開発という大変効果的な仕事を行ってきた」とコメントした[265]。これは，当時マイクロソフト社がViridianという開発コード名で呼ばれるハイパ

ーバイザーを，Windows Serverの将来版に搭載する計画の発表を意識しての発言である。

その後のマイクロソフト社のハイパーバイザーへの本格参入により，それまでのVMware ESXから無償版のESXiにシフトせざる得なかったが，最新製品のvSphere5では，ヴイエムウェア社はあえてESXiのみを提供している[266]。ESXiはもともとサーバー組み込み用のハイパーバイザーで市場投入されたものであり，USBメモリなどにインストールして，サーバーベンダーが出荷時に稼働環境構築済みとして販売するための「特殊な軽量版」であった[267]。ヴイエムウェア社がこれに絞り込んだのは，パートナー製品との抱き合わせによるデリバリーにより普及を加速すると同時に，仮想化ソフト自体からは収益を期待しないということであると考えられる。言い換えれば，ESXiをIBM社，Dell，HP，NEC，富士通のサーバーに搭載し広く普及させることで，付随するサポートソフトや管理ツールを販売し収益源を得ようとする計画であると思われる。

また，これだけでなく，数多くの企業買収を通じて収入源の確保も行っている。具体的な例として，ヴイエムウェア社は2010年3月，RTO Software社の資産買収とともに同社の親会社であるEMCの複数の資産の取得も発表した[268]。この2億ドルの買収には，いずれもEMC Ionix社のインフラ管理ポートフォリオの部品である「Server Configuration Manager」（Configuresoft社），「FastScale」，「Application Discovery Manager」（nLayers社），および「Service Manager」（Infra社）が含まれている[269]。これにより，もはや仮想化（そしてクラウド・コンピューティング）会社のヴイエムウェア社ではなく「基盤からサービスおよび買い取り型のアプリケーションまでに対応するインフラ管理会社」[270]と変貌することで，新たなビジネスモデルを構築することになる。ヴイエムウェア社は，これまで1台のコンピュータ上で複数のOSを同時に稼働することを可能にするハイパーバイザーと呼ばれるコア仮想化ソフトウェアの販売で利益を上げてきた。しかし，今や同社の事業は，ハイパーバイザー販売だけにとどまらない。

グリーンは，向こう10年間の見通しのなかで，仮想化は一部の人々の間で受け入れられているが，今後はそれにとどまらず，至るところで見られるようになると指摘した。「将来，仮想化はハードウェアの随所に見られるようになると考えている。そして，3台～3,000台のサーバーを利用している企業や組織の自動化されたデータセンターでは，仮想化はごく当たり前のことになるだろう」と述べている[271]。

◆VMware事例採用の理由

　今後成長が見込まれるx86サーバー仮想化市場では，ヴイエムウェア社をはじめとして，マイクロソフト社，シトリックス，レッドハット，オラクル，ノベルなどがそれぞれのサーバー仮想化ソフト製品を提供している。このようななか，階層介入戦略の事例としてVMwareを取り上げる理由は，ヴイエムウェア社は仮想化ソフト市場において，2008年までにFortune100企業の100％と，Fortune1,000企業のおよそ90％の顧客を持ち，ISVとの協業で700以上の仮想アプライアンス[272]を市場に投入している。また，ハイパーバイザー型のサーバー仮想化市場における出荷台数で，8割を超える大きなシェアを持つリーダー的存在[273]であるためである。

　Yoffie, Hagiu & Slind（2009）は「ヴイエムウェア社のリーダーたちは，マイクロソフト社が仮想化市場で興味を示していなかった時代には，自分の会社のポジションを仮想化市場でのドミナントなプラットフォームの持ち主として確保し拡張する野心的で複合的な戦略を発展させてきた」と説明している[274]。

◆VMwareにおける操作項目の事例整理

　次に，VMwareにおいてアクセス可能ユーザー数の増加，マルチホーミングコストの低減，隣接対象プラットフォーム製品の多数選定，持続的収益確保モデルの遂行の4つの項目の観点から事例を整理する。

◇アクセス可能ユーザー数の増加

　VMwareは，すでに普及しているWindowsやLinuxやUnixが，それぞれに保有しているユーザーが創りだす，サイド内ならびにサイド間ネットワーク効果を譲り受け，それらOSを上位階層として，その種類に縛られない介入階層として下位階層に介入した。言い換えれば，介入によってアクセス可能ユーザーを横取りしていると言える。

　初期のころヴイエムウェア社とマイクロソフト社は，良き協業としてのパートナーの関係であった。2000年3月には両社はOEMの同意[275]を結んでいる。内容は，VMware上にWindowsがプレインストールされたいくつかのバージョンを，顧客に購入できるようにしたものであった。これは，抱き合わせによってアクセス可能ユーザーを増加させ，階層間ネットワーク効果の増大を目論んだものであると理解できる。

　また，VMwareは積極的に開発者や販売チャネルと手を組み，2007年終わりまでに，30パートナー企業の350人以上の開発者が，VMware ESX ソースコードにアクセスするプログラムを扱えるようになった[276]。そのソースコードにアクセスすることで，ヴイエムウェア社との共同開発プロジェクトに参加したり，開発者自身でアプリケーションをデザインしたりすることを可能にした。この開発者の育成により，階層間ネットワーク効果を引き出す目的があった。

◇マルチホーミングコストの低減

　VMwareは，その巧みなマーケティング戦略において，第三者のアナリストにサーバーの低い稼働実態や，IT設備の複雑さによる高い管理コストをホワイトペーパー（技術白書）等でアピールさせるなどして，ユーザーの需要を煽った。その上で「仮想化による1つの筐体上での複数OS利用によるコスト削減」と「コンピュータ・システムの複雑性の回避による管理コスト削減」を掲げ，参入障壁を下げるためにユーザーのマルチホーミングコストの削減を強くアピールした。仮想化のメリットを標榜するヴイエムウェア社のユーザー向けウェブサイトでは，「サーバー統合によって設備投資コストを削減し，自動

化によって運用コストを低減できます。（中略）運用効率を向上させ，必要なハードウェアを減らす（後略）」と説明している[277]。

◇隣接対象プラットフォーム製品の多数選定

　ターゲットとする隣接階層の選択の点において，VMwareも広く普及した（もしくは普及しそうな）階層内のプラットフォーム製品をターゲットに選定して介入した。具体的には，すでに広く普及しているWindowsやLinuxやUnixなどの隣接階層として，それらを梃子に介入した。VMwareの場合は，OS階層とハードウェア（BIOS）階層間に，上位階層に対してオープンなインターフェイスを持つ製品として介入している。

　加えて，VMwareは，2007年終わりまでに，500以上のハードウェアならびに搭載された60以上のOSとの実装テスト[278]を実施している。このOSとの相互運用性の確立によるオープン性の保持により，多くのプラットフォーム製品と隣接することが可能となった。

◇持続的収益確保モデルの遂行

　VMwareに関しては，根の深い衝突が，コンピュータ・アーキテクチャ内の仮想化の役割において顕在化している。マイクロソフト社は，VMwareの対抗製品となるHyper-Vが2010年度の日本国内の単年度出荷ライセンス数では，VMwareを追い越したとのアナウンス[279]を行った。世界市場に圧倒的な数のインストールド・ベースの顧客を抱えているとはいえ，順風に普及をしてきたVMwareも大きな課題に直面してきている。レイヤースタック内に主力となる収益階層を仮想化階層以外に持たないヴイエムウェア社にとって，有効な収益モデルの必要性が生じている。

　Yoffie, Hagiu & Slind（2009）は，インタビューでのリチャード・サーワル（Richard Sarwal：当時のヴイエムウェア社の幹部）のコメントとして，「我々（ヴイエムウェア社）は，ハイパーバイザーはハードウェアの一部であると信じている。しかし，マイクロソフト社はそれをOSの一部だと信じている。こ

れは根幹的な違いだ」と述べている[280]。

　Yoffie, Hagiu & Slind（2009）は，インタビューでの，ラグー・ラグラム（Raghu Raghuram：ヴイエムウェア社の担当上席副社長）のコメントとして，「ヴイエムウェア社では，（ネットスケープに見られたような）ブラウザー戦争の（顛末の）類似がどのくらい密に仮想化にもあてはまるかという問題が議論される。しかし，変化に対する顧客の抵抗は，ネットスケープの場合よりかなり強い。VMware ESXそれ自体を交換することは難しくはない。しかし，もし仮に管理ツールを使っていたり，その周りでオペレーションを構築していたりすると，切り替えコストはとても高くつくためだ」とコメントしている[281]。

◆ **VMware介入による階層間関係とポジションの変化**

　階層介入型プラットフォーム製品は，既存の複合製品の階層間に後から「介入」することにより，階層間関係やプラットフォーム製品関係を変化させてしまう可能性を持つ（**図7－9**）。

　図7－9は，VMwareが介入する前と後での階層構造を表している。介入前は，nレベル階層にハードウェア（BIOS），n＋1レベル階層にOS（n＋2レベル階層にアプリケーション）がある。介入後は，n＋1レベル階層に仮

図7－9 ● **VMwareによる階層介入図**

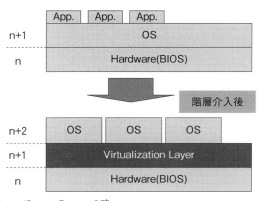

（注）BIOS：Basic Input/Output Systemの略。

想化階層としてVMwareが介入し，n＋2レベル階層にOSが移行する。介入階層はVMwareであり，その上に多くのOSを配することが可能となる。

　具体的に，VMwareの投入によってそれらの隣接階層にどのような変化をもたらしたのかに関して，階層間の対応関係，各階層のプラットフォーム製品戦略，複合製品内でのポジションを以下にまとめる（**表7－4**）。

　この表により，以下がわかる。

- 仮想化階層の介入は，階層介入以前の上位階層と下位階層の階層間での対応を変化させる。
- 各階層のプラットフォーム製品戦略は，2階層間もしくは3階層間でグループ間ネットワーク効果を利用し拡販を続けるという点では，階層介入前後で変化はない。
- レイヤースタック内でのポジションは仮想化階層の介入によって，上位階層のサーバーOSはコモディティ化に陥るリスクが高まるのに対して，仮想化階層自体はドミナント・プラットフォーム製品になる可能性が高まる。

表7－4 ■VMware階層介入前後の変化

階層	隣接下位階層	隣接上位階層	仮想化階層（中位）
該当製品	（CPUやチップセットから構成される）ハードウェア物理階層	サーバーOS（Unix・Linux・Windows他）	VMware ESX, ESXi
参入時期	先発	先発	後発

【階層介入前】

	隣接下位階層	隣接上位階層	
上下隣接階層間のプラットフォーム製品対応関係	1つの筐体（ハードウェア）に対し複数のOSを走らせることはできない。OSと筐体は1対1の対応となる。	原則1つのOSに対して1つの筐体（ハードウェア）が必要となる。複数のOSを走らせるためにはその同数の筐体が必要となる。OSと筐体は1対1の対応となる。	
各階層のプラットフォーム製品戦略	隣接することで、グループ間ネットワーク効果を発揮し、プラットフォーム製品戦略を遂行する。ハードウェアメーカーはより多くの普及が進んだ（もしくは進む見込みのある）OSと手を組むことが肝要となる。	隣接することで、グループ間ネットワーク効果を発揮し、プラットフォーム製品戦略を遂行する。	
ソフトウェア・レイヤースタック内でのドミナント状況	（従前から）コモディティ化が進行している。特定のハードウェア物理階層がドミナント・プラットフォーム製品になる可能性は、かなり低い。	隣接階層に数多くのアプリケーションを配することで、特定のOSがドミナント・プラットフォーム製品となる可能性がある。	

【階層介入後】

上下別レベル隣接階層間のプラットフォーム製品対応関係	1つの筐体に対し複数のOSを走らせることが可能となる。筐体とOSの対応は1対多となる。また筐体と仮想化製品は1対1の対応となる。	複数のOSを1つの筐体上で走らせることが可能となる。OSと仮想化製品は多対1の対応となる。また、OSと筐体の対応も多対1となる。	原則1つの仮想化製品に対して1つの筐体が必要となる。仮想化製品と筐体は1対1の対応となる。仮想化階層の上では複数のOSが走る。仮想化製品とOSは1対多の対応となる。
各階層のプラットフォーム製品戦略	理論的にはハードウェアの需要は減るが、ハードウェアメーカー[282]は仮想化階層との間でグループ間ネットワーク効果を発揮し、ヴイエムウェア社と協業して拡販している。	理論的には既存OSの新規需要は減るが、新たにVMware上で走る特定用途のOSがISVs開発者などによって開発されアプライアンスとして拡販される。	OSメーカーやハードウェアメーカーと協業して、グループ間ネットワーク効果を発揮し、自社製品を拡販している。
ソフトウェア・レイヤースタック内でのドミナント状況	（従前から）コモディティ化が進行している。特定のハードウェア物理階層がドミナント・プラットフォーム製品になる可能性は、かなり低い。	コモディティ化に陥るリスクが高まる。	ドミナント・プラットフォーム製品になる可能性がある。

第3節　操作項目における両事例の整理

　JavaとVMwareのプラットフォーム製品提供者の操作項目のこれまでの確認を、共通点・相違点の観点でまとめると、以下がわかる。

◆共通点

　Javaはアプリケーション階層とOS階層間に介入，VMwareはOS階層とハードウェア（BIOS）階層間に介入という違いはあるが，両事例ともアクセス可能ユーザー数の増加，マルチホーミングコストの低減，隣接対象プラットフォーム製品の多数選定の3つの項目に関して共通の動きを遂行している。

　具体的には，アクセス可能ユーザー数の増加では，2つの方法でアクセス可能ユーザー数の増加を図っている。1つは，広く普及したWindowsの上や下に介入し，すでにWindowsが保有しているアクセス可能ユーザーを奪い取っている。また，もう1つの方法として，開発業者を含む補完業者を積極的に支援し，Javaの場合は多くのアプリケーションを，VMwareの場合は多くの既存OSとの隣接や目的別の専用OSを開発してもらうことで，自らが魅力的なプラットフォーム製品となりアクセス可能ユーザーを惹きつけている。マルチホーミングコストについては，JavaもVMwareもユーザーのマルチホーミングコストの削減もしくは負担増加がないことを強くアピールし，選択における障壁を低下させている。隣接対象プラットフォーム製品の多数選定では，両事例ともオープン性を堅持することで，多くの隣接階層上のプラットフォーム製品と隣接関係を維持している。これらのことにより，それまでWindowsが持っていたドミナント・プラットフォーム製品の地位を脅かし，自らが大きな支配力を持つ可能性を高めている。

◆相違点

　持続的収益確保モデルの遂行に関しては，JavaとVMwareには相違点が存在する。

　Javaにおいてサン社は，別階層に自社OSを有償で提供し，収益階層を保有している。しかし，Javaのオープン性は，Javaの普及が自社OSの直接の売り上げ増には結びつけられない状況にならざるを得ない。これにより，サン社自体は収益モデルに課題を残すこととなる。VMwareは，仮想化ソフトウェア

階層以外に収益階層をソフトウェア・レイヤースタック内に持たないため，ヴイエムウェア社は，VMwareで築いたインストールド・ベース顧客を囲い込むため，レイヤースタック外での製品やサービスの提供に経営の重点をシフトさせてきた。

COMMENTARY

解説6　アクセス価値の重要性

　ネットワーク効果の過去の研究において多くの場合，全体ネットワークの大きさ（ネットワーク加入者の数）がユーザーに与える影響を意識した研究が行われてきた。このネットワーク加入者の「数」とともに，「特定個体間のアクセス価値」を考慮したネットワーク効果の捉え方が，ネットワーク効果を考える際に必要であると考える。

　例えば，特定個体間のアクセスの価値を考慮することにより，携帯電話会社で導入されている家族間無料通話などの特定個体間アクセスの需要を狙ったサービスが，ユーザーにとって携帯電話の購入のインセンティブの1つになっている現象をうまく説明することができる。従来のネットワーク効果の捉え方である「製品の普及の進展によってもたらされるユーザーの便益」や「多くの人とコミュニケーションが可能になることから得られる便益」に，共通の「アクセス可能な加入者の数」の観点だけでは，例えばほとんど通話することのない地域の加入者数の増加は，ユーザーにとってプラットフォーム製品選択の大きなインセンティブとはならない。言い換えれば，アクセス可能な数が増加してもユーザーにとって

コラム図4　●家族間無料通話の例

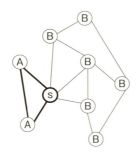

メリットが薄い場合，選択のインセンティブになることはない。しかし，例えば家族間など，頻繁にしかも重要な相手とのアクセスの便益が向上する（例：無料サービスが提供される）ことは，ある携帯電話のキャリア（プラットフォーム製品）を選択するインセンティブとなり得る。

コラム図4は，家族間無料通話の例を図にしたものである。仮に，Aという携帯電話網とBという携帯電話網があったとする。Bの既存加入者数はAの加入者数より多いので，sがどちらかを選択する場合「アクセス可能な加入者の数」だけがインセンティブとして働くならば，加入者の数が多いBの携帯電話網を選択することとなる。しかし，実際にはAのネットワークに所属する特定相手（家族）との通話頻度を考えて，BではなくAを選択するインセンティブが働き得る（コラム図4）。太線はアクセス価値の高さを表している。

● 注
1 　サウスウック（2000），p.164参照。
2 　サウスウック（2000），p.201参照。
3 　ヴイエムウェア社による，コンピュータを仮想化するためのソフトウェア。VMware ESXは仮想化ソフトウェア製品パッケージの一部として有償で販売。サービス・コンソールなどの機能を制限したVMware ESXiは無償で提供されている。仮想化の機能自体は両者で同じ。VMware ESXはハードウェア上で直接動作し，仮想的に構築されたコンピュータ上でさまざまな種類のOSを動作させることができる。
4 　OSなどのソフトウェアが何も搭載されていない状態のハードウェアのことを指し，裸のままの金属という意味。
5 　ハードウェアのBIOS上に直接，仮想ソフトウェアを動かし，その上で仮想マシンを動作させる技術。ホストOS層を介さずに仮想マシンが稼働するため，ホスト型よりもパフォーマンスが高く，サーバー仮想化の主流となってきている。
6 　サーバーの仮想化の機能として，パーティショニング，隔離，カプセル化などがある。これらの機能により，1台の物理サーバーマシン上で複数のOSを稼働させたり，障害（クラッシュ，ウィルス感染，パフォーマンス低下など）を仮想マシンに隔離し，他の仮想マシンへの影響を防いだりすることが可能である。また，ファイルの移動とコピー同様，仮想マシンを容易に移動およびコピーができるなどのメリットを享受できる。サーバー仮想化には仮想マシン方式があり，仮想マシン方式はホストOS型とハイパーバイザー型に大別される。詳しくは前述**キーワード㉒**を参照。
7 　IBM社が1964年4月に発表したメインフレームのシリーズ名称。多用途をカバ

ーするファミリーを形成し，商用から科学技術計算まで幅広く使われた。商用では初めてOSや仮想マシンが登場した。
8 世界初のメインフレーム用仮想化OS（＝ハイパーバイザー）であるCP-67で，現在はz/VM（ゼットブイエム）に続いている。
9 インテル社のパソコン用CPUの総称。加えて，アスロンなどのインテル互換CPUも含まれる。8086，80286，i486といったように下二桁は「86」として数字を製品名にしていたためこう呼ばれる。
10 出所：http://biz.bcnranking.jp/article/serial/siliconvalley/0910/091013_120511.html　2013/09/23閲覧
11 ソフトウェア以外のものとしては，前者については複数電子マネーに対応した読み取り機，後者については複数キャリアに対応した携帯電話サイトなどがある。
12 ネットワークを通じてダウンロードされ実行されるJavaで書かれたプログラム。ただし，VMによる起動速度が遅いなどの理由で，開発の主流は徐々にサーブレットに移行していく。
13 岩山（2001），p.58参照。
14 プログラミング言語Javaの前身（後述）。
15 岩山（2001），p.58参照。
16 ソフトウェアの設計や開発において，操作手順よりも操作対象に重点を置く考え方。関連するデータの集合と，それに対する手続き（メソッド）を「オブジェクト」と呼ばれる1つのまとまりとして管理し，その組み合わせによってソフトウェアを構築する。
17 末松・ベネット（1996），p.8参照。
18 サン社がJavaで開発されたアプリケーションに対して行っている認定プログラムで，特定のOSの機能の使用を許可せず，どのような環境でも動作することを保証したもの。Javaには各OSの独自機能を呼び出す仕組みなどが備わっているが，100% Pure Javaでは，このようなOS依存の機能を一切使用せず，純粋なJava APIのみを使用することが求められる。またOSによって異なる定数をベースにした実装なども許可されていない。
19 松下・臼井（1998），p.134-135参照。
20 同上。
21 出所：http://www.weblio.jp/content/Java% E8% A8% 80% E8% AA% 9E　2013/9/23閲覧，をもとに筆者作成。
22 ユーザーが使うクライアント端末に必要最小限の処理をさせ，ほとんどの処理をサーバー側に集中させたシステムアーキテクチャ，またはその端末機の呼び名。
23 出所：http://ossforum.jp/en/node/604　2013/9/23閲覧，をもとに筆者作成。
24 岩山（2001），p.75参照。
25 Application Program Interfaceの略語で，OSやミドルウェア向けのソフトウェアを開発する際に使用できる命令や関数の集合のこと。
26 岩山（2001），p.75参照。

27　Graphical User Interfaceの略語で，ユーザーに対する情報の表示にグラフィックを使用し，大半の操作をマウスなどによって簡単に行うユーザー・インターフェイスのこと。
28　Silicon Graphics, Inc.ソフトウェアやソリューションを手がけるアメリカの大手コンピュータメーカー。
29　岩山（2001），p.75参照。
30　岩山（2001），p.63参照。
31　業界団体OMGによって策定された，さまざまな開発環境での分散処理の連携を実現するための基本仕様。
32　岩山（2001），p.63参照。
33　岩山（2001），p.62参照。
34　Shapiro & Varian（1999），（邦訳）p.483参照。
35　特定のハードメーカーと関係を持たない独立系ソフト開発会社のこと。「Independent Software Vendor」の略。
36　松下・臼井（1998），p.112より筆者編集。
37　同上。
38　松下・臼井（1998），p.155参照。
39　同上。
40　サウスウック（2000），p.170参照。
41　松下・臼井（1998），p.156参照。
42　同上。
43　Object Application Kernelの略。「オフィスの窓の外の右側に樫（OAK）の木があったから」と後にゴスリングが説明。岩山（2000），p.36参照。
44　松下・臼井（1998），p.156参照。
45　松下・臼井（1998），p.159参照。
46　サウスウック（2000），p.174-175参照。
47　同上。
48　サウスウック（2000），p.175-176参照。
49　松下・臼井（1998），p.162参照。
50　松下・臼井（1998），p.164参照。
51　同上。
52　松下・臼井（1998），p.165参照。
53　同上。
54　松下・臼井（1998），p.158参照。
55　末松・ベネット（1996），p.38-41ならびに松下・臼井（1998），p.288-290をもとに筆者加筆。
56　J2SE：Java2 Platform Standard Edition（現在のJavaSE後述）
57　J2EE：Java2 Platform Enterprise Edition（現在のJavaEE後述）
58　J2ME：Java2 Platform Micro Edition（現在のJavaME後述）

59　サン社公式ウェブ参照　http://jp.sun.com/java/everywhere/　2010/05/26閲覧
60　特徴の記述に関しては，主として岩山（2001）からの引用による。
61　岩山（2001），p.48参照。
62　同上。
63　同上。
64　同上。
65　同上。
66　岩山（2001），p.47参照。
67　同上。
68　同上。
69　同上。
70　同上。
71　同上。
72　同上。
73　同上。
74　岩山（2001），p.48参照。
75　出所：http://ossforum.jp/en/node/604　2013/9/23閲覧
76　同上。
77　出所：http://www.atmarkit.co.jp/fjava/rensai4/java_dotnet01/01.html　2013/9/20閲覧，より抜粋。
78　出所：https://www.jcp.org/aboutJava/communityprocess/background.html　2013/9/20閲覧
79　出所：http://jcp.org/aboutJava/communityprocess/JCPoverview-ja.pdf　2013/9/20閲覧
80　同上。
81　同上。
82　同上。
83　同上。
84　出所：http://www.nikkeibp.co.jp/archives/105/105894.html　2013/9/23閲覧
85　出所：http://itpro.nikkeibp.co.jp/as/sun_jirei/sun_solution/86/03.html　2013/9/23閲覧
86　Reduced Instruction Set Computerの略，縮小命令セットコンピュータ個々の命令を簡略化することにより，並行して複数の命令を処理する方式で，効率を高め，処理性能の向上を図っている。
87　松下・臼井（1998），p.130参照。
88　サウスウック（2000），p.192参照。
89　サン社のソフトウェア部門で1991年分社化，後に統合によりサン社内部の部門となる。
90　サウスウック（2000），p.205参照。

91　同上。
92　対立の記述に関しては，主として山田（2000）からの引用による。
93　山田（2000），p.130参照。
94　同上。
95　同上。
96　同上。
97　山田（2000），p.131図8－1の抜粋。
98　山田（2000），p.131参照。
99　同上。
100　山田（2000），p.128参照。
101　末松（2002），p.68参照。
102　末松（2002），p.69-79参照。
103　記述に関しては，主として末松・ベネット（1996），p.119-123ならびにhttp://www.weblio.jp/content/ActiveX　2013/9/23閲覧，からの引用による。
104　末松・ベネット（1996），p.119参照。
105　同上。
106　OLEとは，あるアプリケーションで作成している文書の中に，別のアプリケーションで作成した情報を埋め込んだり，別のアプリケーションの機能をあたかも自分の機能であるかのように提供することができる技術。末松・ベネット（1996），p.119参照。
107　末松・ベネット（1996），p.119参照。
108　同上。
109　末松・ベネット（1996），p.122参照。
110　同上。
111　出所：http://support.microsoft.com/kb/879760/ja　2013/9/23閲覧
112　アドビシステムズ社が開発している動画やゲームなどを扱うための規格。
113　マクロメディア社（現在はアドビシステムズ社が買収）が開発した，音楽や動画といったマルチメディアのデータを再生するためのプラグイン。
114　アップル社が開発するマルチメディア技術。音楽，動画，画像，テキストデータなどを取り扱うことができる。
115　出所：http://msdn.microsoft.com/ja-jp/library/hh537942（v=office.14），aspx　2013/9/23閲覧
116　末松・ベネット（1996），p.119参照。
117　同上。
118　出所：http://secure.blog.ocn.ne.jp/column/2010/11/49activex_5bdf.html　2013/9/23閲覧
119　出所：http://www.ipa.go.jp/security/ciadr/vul/20090707-ms-activex.html　2013/9/23閲覧
120　不正かつ有害な動作を行う意図で作成された悪意のあるソフトウェアや悪質な

コードの総称。
121　出所：http://www.ipa.go.jp/security/ciadr/vul/20090707-ms-activex.html　2013/9/23閲覧
122　出所：http://www.microsoft.com/ja-jp/security/resources/activex-whatis.aspx　2013/9/23閲覧
123　出所：http://technet.microsoft.com/ja-jp/security/bulletin/ms13-090　2013/9/23閲覧
124　松下・臼井（1998），p.133参照。
125　末松（2002），p.75参照。
126　出所：http://itpro.nikkeibp.co.jp/free/ITPro/USNEWS/20020311/1/　2012/11/03閲覧
127　Remote Method Invocationの略。2つの別のマシン上で動作するJavaプログラムの一方のオブジェクトのメソッドを他方のプログラムから呼び出す機能を実現するための仕組み。
128　岩山（2001），p.195参照。
129　同上。
130　出所：http://www.atmarkit.co.jp/news/200101/25/msun.html　2013/9/23閲覧
131　岩山（2001），p.196参照。
132　出所：http://itpro.nikkeibp.co.jp/free/NT/NEWS/20010816/1/　2013/9/21閲覧
133　同上。
134　同上。
135　同上。
136　同上。
137　松下・臼井（1998），p.133参照。
138　出所：http://www.atmarkit.co.jp/fwin2k/insiderseye/20040526sunmicrosoft/sunmicrosoft_01.html　2013/9/21閲覧
139　2004年4月2日に米国で発表されたリリースの抄訳をベースにしたマイクロソフト社のリリース　http://www.microsoft.com/japan/presspass/detail.aspx?newsid=1887　2013/9/21閲覧，より抜粋（一部筆者修正）。
140　出所：http://www.atmarkit.co.jp/news/200009/21/sun.html　2013/9/21閲覧
141　出所：http://japan.cnet.com/news/biz/20368251/　2013/9/21閲覧
142　出所：http://cloud.watch.impress.co.jp/epw/cda/topic/2004/02/19/1426.html　2013/9/21閲覧
143　同上。
144　同上。
145　出所：http://www.itmedia.co.jp/news/articles/0904/20/news110.html　2013/9/21閲覧
146　同上。
147　同上。

148 同上。
149 出所：http://ossforum.jp/node/604　2013/9/23閲覧
150 同上。
151 ラリー・ウォール（Larry Wall）が開発したプログラミング言語。
152 まつもとゆきひろによって開発されたオブジェクト指向のスクリプト言語。
153 Webサーバーが，Webブラウザーからの要求に応じて，プログラムを起動するための仕組み。
154 出所：http://ossforum.jp/node/606　2013/9/23閲覧
155 JavaOne東京2005でのサン社発表による。
156 世界中の8億5,000万台を超える個人用コンピュータや，世界中の何十億台ものデバイス（モバイルデバイスやTVデバイスなど）で動作している。出所：http://www.java.com/ja/download/faq/whatis_java.xml　2013/09/23閲覧
157 サウスウイック（2000），p.212参照。
158 出所：http://www.microsoft.com/japan/presspass/trial/120298_doj_java.htm　2012/11/03閲覧
159 Rohlfs（2001），（邦訳）p.163参照。
160 正確には新たな介入階層はJVM（Java仮想マシン）であるが，JVMはJavaアプリケーション（含むアプレット）の起動時のみ機能を発揮するため，本書ではJVM階層とは呼ばずJava階層と表現する。
161 サウスウイック（2000），p.196参照。
162 岩山（2001），p.77参照。
163 岩山（2001），p.79参照。
164 ちなみにJavaのソースコードの商用ライセンスの公表価格は，WIRED誌の記事によると前金で125,000ドル（日本円で約1,500万円，1ドル120円換算）プラスコピー1本につき2ドルと言われている。松下・臼井（1998），p.100参照。
165 末松（2002），p.70参照。
166 松下・臼井（1998），p.140参照。
167 末松・ベネット（1996），p.118参照。
168 松下・臼井（1998），p.133参照。
169 サン社はJavaの独立性と公平性を保つために1998年Javaコミュニティプロセス（JCP）を導入した。1995年に，Java発表当時はサン社が持っていたシステム仕様などに関する管理をJCPに移管した。JCPにおいては，Java言語を拡張する必要を感じる人々は誰でも，JSR（Java Specification Request）を申請することができ，その必要性が認められると有識者からなるエキスパート・グループの編成が呼びかけられる。JCPは分野ごとの専門家集団を広げてゆくことになった。詳細は本章の第1節のp.102を参照。
170 松下・臼井（1998），p.165参照。
171 Yoffie, Hagiu & Slind（2009），p.5-6参照。
172 同上。

173　出所：http://www.vmware.com/jp/company/　2013/9/23閲覧
174　製品概要情報の出所：http://www.vmware.com/jp/products/esxi-and-esx/overview
　　http://www.vmware.com/jp/products/esxi-and-esx/compare.html
　　http://www.atmarkit.co.jp/fwin2k/operation/vmcomp01/vmcomp01_02.html
　　http://thinkit.co.jp/article/127/1　すべて2013/9/23閲覧　製品の機能ならびにアーキテクチャの記述に関しては，主として上記URLからの引用による。
175　出所：http://www.atmarkit.co.jp/fwin2k/operation/vmcomp01/vmcomp01_02.html　2013/9/23閲覧
176　同上。
177　ヴイエムウェア社が，Linuxを利用して開発した管理用のOS環境。VMkernelへの管理インターフェイスを提供するサービス。VMkernelとは別物。
178　出所：http://www.atmarkit.co.jp/fwin2k/operation/vmcomp01/vmcomp01_02.html　2013/9/23閲覧
179　同上。
180　同上。
181　インテル社のマイクロプロセッサに採用されているシステム仮想化技術。1台のコンピュータで複数のOSを並行に動作させることを可能にする。
182　AMD社が製造販売するCPUに搭載された，1つのCPUの上で複数のOSを動作させるためのハードウェアレベルでの仮想化技術。切り替えなどにかかるオーバーヘッドが少ない利点がある。
183　出所：http://www.atmarkit.co.jp/fwin2k/operation/vmcomp01/vmcomp01_02.html　2013/9/23閲覧
184　CLIとは，キーボードからコマンドと呼ばれる命令語を打ち込んでパソコンを操作すること。
185　出所：http://www.atmarkit.co.jp/fwin2k/operation/vmcomp01/vmcomp01_02.html　2013/9/23閲覧
186　同上。
187　同上。
188　同上。
189　同上。
190　同上。
191　記述に関しては，主としてhttp://www.vmware.com/jp/virtualization/virtualization-basics/history.html　2013/9/23閲覧　からの引用による。
192　同上。
193　同上。
194　コンピュータで例外が発生したとき，それを捕捉し特定の処理を行わせる機能。
195　出所：http://www.vmware.com/jp/virtualization/virtualization-basics/history.html　2013/9/23閲覧

196 ダイアン・グリーン（Diane Greene），主任科学者：メンデル・ローゼンブラム（Dr. Mendel Rosenblum），チーフ エンジニア：スコット・ディバイン（Scott Devine），チーフ エンジニア：エドワード・ウォン（Dr. Edward Wang），エドワード・バグニオン（Edouard Bugnion）出所：http://www.vmware.com/jp/company/leadership/　2013/9/23閲覧
197 Yoffie, Hagiu & Slind（2009）をもとに筆者加筆。
198 "Dell Leads $20 Million Strategic Investment Round in VMware," http://www.vmware.com/mena/company/news/releases/financingpr.html　2012/8/28閲覧
199 "VMware Prepares New Products and Plans IPO," http://www.thefreelibrary.com/VMware+Prepares+New+Products+and+Plans+IPO.-a0106123697　2012/8/28閲覧
200 "EMC to Acquire VMware for $635 Million," http://www.crn.com/news/storage/18840273/emc-to-acquire-vmware-for-635-million.htm　2012/8/28閲覧
201 "EMC Plans to Sell Public 10% Slice of VMware Software Unit," http://online.wsj.com/article/SB117089134669901506.html　2012/8/28閲覧
202 "Intel to Invest in Virtualization Leader," http://online.wsj.com/article/SB118402275833561461.html　2012/8/28閲覧
"Cisco Investment Reflects Rush into Virtualization," http://online.wsj.com/article/SB118554086561980271.html　2012/8/28閲覧
203 Yoffie, Hagiu & Slind（2009）"VMware, Inc., 2008" Selected Financial Information, 2004-2008 p.17
204 VMware, Inc., Form 10-K, February29, 2008, p.17
205 ポール・マリッツは2008年7月にヴイエムウェア社にCEOとして入社。1978年にロンドンのBurroughs社でそのキャリアをスタートしたマリッツは，1981年にインテル社に入社，5年間ソフトウェア開発ツールの分野に携わる。1986年から2000年までの14年間は，5人で構成される幹部委員会メンバーの1人としてマイクロソフト社の運営に関与し，Windows95，Windows NT，およびWindows2000などのシステム・ソフトウェア製品，Visual Studioなどの開発ツール，SQLServerなどのデータベース製品，およびExchange製品ラインの開発とマーケティングを指揮。http://www.vmware.com/jp/company/leadership/paul-maritz.htmlより引用。2012/8/28閲覧
　ちなみにヴイエムウェア社は，CEOのポール・マリッツが2012年9月をもって退任，後任がパット・ゲルシンガー（Pat Gelsinger），現EMC情報インフラストラクチャ製品部門のプレジデント兼CEOになることを発表。
　"VMware Announces Changes in Executive Leadership and Preliminary Second Quarter Financial Results," http://www.vmware.com/company/news/releases/vmw-exec-change-07-17-12.html　2012/8/28閲覧
206 Yoffie, Hagiu & Slind（2009），p.6参照。

207　出所：http://www.myvmug.org/　2013/9/23閲覧
208　出所：http://www.vmware-usergroup.jp/outline.html　2013/9/23閲覧　2013年12月の時点で，250団体（企業）の会員が所属しているとのこと。
209　同上。
210　同上。
211　出所：https://communities.vmware.com/community/vmtn/vmug/forums/asia_pacific/japan　2013/9/23閲覧
212　「サーバー」「OS」「アプリケーション」「ハードディスク」など。
213　出所：http://www.infraexpert.com/study/virtual.html　2013/9/23閲覧
214　仮想化には，他にデスクトップの仮想化，ストレージの仮想化，ネットワークの仮想化などがあるが，本書ではサーバーの仮想化に焦点を当てる。
215　1台の物理サーバーのリソースを分割することにより，同時に複数の仮想マシンを実行する機能。
216　同じハードウェア上の仮想マシン同士を完全に独立した状態で稼働させる機能。
217　ハードウェア構成，BIOS，ディスクの状態など仮想マシン全体を，物理ハードウェアからは独立した少数のファイルに保存する機能。
218　出所：http://www.infraexpert.com/study/virtual.html　2013/9/23閲覧
219　同上。
220　出所：http://www.infraexpert.com/study/virtual.html　2013/9/23閲覧
221　間接費という意味。コンピュータの分野では，何らかの処理を進める際に，間接的・付加的に必要となる処理とそれにより発生する負荷の大きさのことを指す。
222　出所：http://www.infraexpert.com/study/virtual.html　2013/9/23閲覧
223　渡辺・川添（2012），p.17をもとに筆者作成。
224　BIOS（バイオス）Basic Input/Output Systemとは，コンピュータに接続されたディスクドライブ，キーボード，ビデオカードなどの周辺機器を制御するプログラム群。これらの機器に対する基本的な入出力手段をOSやアプリケーション・ソフトに対して提供する。
225　出所：http://www.infraexpert.com/study/virtual.html　2013/9/23閲覧
226　出所：http://www.plathome.co.jp/solution/virtualserver/introduction/02.html　2013/9/23閲覧
227　同上。
228　渡辺・川添（2012），p.18をもとに筆者作成。
229　渡辺・川添（2012），p.45参照。
230　歴史の記述に関しては，主としてhttp://enterprisezine.jp/iti/detail/362?p=2　2013/9/23閲覧，からの引用による。
231　出所　http://enterprisezine.jp/iti/detail/362?p=2　2013/9/23閲覧
232　同上。
233　同上。
234　同上。

235 同上。
236 同上。
237 同上。
238 同上。
239 同上。
240 同上。
241 同上。
242 出所：https://www.impressrd.jp/idc/story/2011/08/22/1843　2013/9/23閲覧
243 同上。
244 出所：http://www.gartner.co.jp/b3i/research/120223_inf/　2013/9/23閲覧
245 同上。
246 出所：https://www.impressrd.jp/idc/story/2011/08/22/1843　2013/9/23閲覧
247 同上。
248 Foley（2008），（邦訳）p.256-257参照。
249 Foley（2008），（邦訳）p.309-310からの抜粋（一部筆者修正）。
250 出所：http://www.atmarkit.co.jp/ait/articles/0809/03/news125_2.html　2013/9/23閲覧
251 同上。
252 同上。
253 同上。
254 出所：https://www.tis.jp/service_solution/hyper-v/　2013/9/23閲覧，をもとに著者作成。
255 出所：http://ascii.jp/elem/000/000/176/176563/#eid176573　2013/9/23閲覧
256 同上。
257 出所：https://www.microsoft.com/ja-jp/server-cloud/windows-server/hyper-v.aspx 2013/9/23閲覧
258 同上。
259 同上。
260 出所：http://www.atmarkit.co.jp/ait/articles/1303/14/news004.html　2013/9/23閲覧
261 出所：http://japan.zdnet.com/interview/20356452/　2013/9/23閲覧
262 出所：http://technet.microsoft.com/ja-jp/evalcenter/dn205299.aspx　2013/9/23閲覧
263 同上。
264 Yoffie, Hagiu & Slind（2009），p.6参照。
265 出所：http://japan.cnet.com/news/biz/20356303/　2013/9/23閲覧
266 出所：https://my.vmware.com/jp/web/vmware/evalcenter?p=free-esxi5&lp=default 2013/9/23閲覧
267 出所：https://www.impressrd.jp/idc/story/2012/02/27/2050　2013/9/23閲覧

268　出所：http://virtualization.info/jp/news/2010/03/vmwareemc-ionix20100303-3.html　2013/9/23閲覧
269　同上。
270　同上。
271　出所：http://japan.cnet.com/news/biz/20356303/　2013/9/23閲覧
272　特定の機能に特化したコンピュータのこと。具体的には単機能サーバー，Web閲覧・メール送受信専用端末などがある。
273　Yoffie, Hagiu & Slind（2008），p.22よりVMware ESXのマーケットシェアは86％，マイクロソフト社のHyper-Vは3％，シトリックス社のXenは9％（2008年3月期データによる2009年末までの予測）
274　Yoffie, Hagiu & Slind（2009），p.13参照。
275　"VMware Signs OEM Agreement with Microsoft," http://www.vmware.com/company/news/releases/microsoftpr.html　2012/08/25閲覧
276　VMware, Inc.（2008），p.6参照。
277　出所：http://www.vmware.com/jp/virtualization/　2012/11/03閲覧
278　VMware, Inc.（2008），p.7参照。
279　マイクロソフト社のウェブサイトで，日本国内では「2010年上半期の導入数でHyper-VがVMwareを上回っています。（中略）Hyper-Vが2010年上半期x86サーバー用仮想化ソフトウェアとして導入率No.1を獲得」との内容が大手調査機関のレポート引用として掲載されている。http://www.microsoft.com/ja-jp/business/industry/gov/hyperv/column01.aspx　2012/11/03閲覧
280　Yoffie, Hagiu & Slind（2009），p.4参照。
281　Yoffie, Hagiu & Slind（2009），p.15参照。
282　ヴイエムウェア社が共同開発を進めたハードウェアメーカーはIBM社，HP，Dell，NEC，富士通，Fujitsu-Siemensとサン社などのコンピュータ・メーカーやインテル，AMDのような半導体メーカーやシスコシステムズのようなネットワーク機器メーカーも含まれる。

解説4　シリコンバレーと起業創出システムの参考文献
参照URL　すべて　2015/8/11閲覧
http://www.teslamotors.com/jp/about
コラム図3：起業創出システム　出所：山根（2001），p.158を加筆修正

インプリケーション4　ネットワーク効果と意図せざる結果の参考文献
参照URL　すべて　2015/8/11閲覧
http://jp.techcrunch.com/2015/02/05/20150204apples-iphone-overtakes-android-in-us-sales-for-the-first-time-since-2012/
http://www.teach-me.biz/iphone/news/android/140326-2.html

http://marketing.itmedia.co.jp/mm/articles/1301/31/news004.html

キーワード23　クラウド・コンピューティングの参考文献
参考URL　すべて2015/8/11閲覧
http://it.impressbm.co.jp/articles/-/12252
http://businessnetwork.jp/Detail/tabid/65/artid/3865/Default.aspx
http://www.itmedia.co.jp/enterprise/articles/1407/23/news001.html

第8章

事例から導かれた新たな効果や現象

　これまで前章まで，先行研究レビュによって推論した後発プラットフォーム製品のドミナント化メカニズムを，JavaとVMwareの事例によって確認してきた。本章ではその上で，第1節にて新たな戦略に関する示唆の導出を行う。そこでは，先行研究からの仮説的推論では，十分に論じられていない理論的かつ実践的な示唆の提起を行う。第2節ではそれを踏まえ，操作項目，効果や現象，それぞれの事例を結びつけた一覧にて整理した。事例から導かれた，本書の2つ目のエッセンスとでも言うべき成果のまとめである。

第1節　戦略上の示唆の導出

　Javaの事例とVMwareの事例の操作項目の観点での分析ならびに確認から，導出される階層介入型プラットフォーム製品特有の戦略に関する仮説は以下である。ちなみに仮説3－1は項目①から，仮説3－2は項目②から，仮説3－3と仮説3－4は項目③から，仮説3－5と仮説3－6は項目④から導出された。仮説中の（＋）は促進，（－）は抑制を示す。

　〇階層介入型プラットフォーム製品の戦略上の効果（具体的には「既存（先発）の隣接プラットフォームの支配力を介入によって減じる効果」）における仮説

　　仮説3－1：階層介入型プラットフォーム製品は，非階層介入型プラッ

トフォーム製品と比較して，隣接（n，n＋2）階層のプラットフォーム製品のコモディティ化を誘発しやすい

　　仮説3－2：階層介入型プラットフォーム製品は，非階層介入型プラットフォーム製品と比較して，既存の隣接（n，n＋2）階層のプラットフォーム製品のレイヤースタック内での延命を助長しやすい

　　仮説3－3：階層介入型プラットフォーム製品は，非階層介入型プラットフォーム製品と比較して，プラットフォーム包囲に対して，それ自体が包囲されにくい防衛的役割を持ちやすい

　　仮説3－4：階層介入型プラットフォーム製品は，非階層介入型プラットフォーム製品と比較して，上下階層セットの垂直統合やバンドルを分断し，既存の隣接プラットフォーム製品の収益モデルにダメージを与えやすい

〇階層介入型プラットフォーム製品の戦略上の課題（具体的には「階層介入型プラットフォーム製品の普及と収益確保のトレードオフに関する課題」）における仮説

　　仮説3－5：階層介入型プラットフォーム製品は，普及を優先する（＋）と提供者の収益確保が困難となる（－）

　　仮説3－6：階層介入型プラットフォーム製品は，提供者の収益確保を優先する（＋）と普及が困難となる（－）

◆仮説3－1：コモディティ化の誘発

　仮説3－1については，いやおう無しに垂直統合やバンドルされたプラットフォーム製品を，ユーザーが選択せざるを得ない状況がある場合でも，介入階層によるアクセス可能ユーザーの流動化のおかげで，同一階層レベルの「他のどのプラットフォーム製品を選択しても同様の便益を享受できる」こととなり，プラットフォーム製品選択における限定が弱まる。言い換えれば，介入階層の

隣接（介入階層をn＋1レベルとした上で，nとn＋2レベルにある）階層の，ユーザーのプラットフォーム製品の選択必然性は弱まり，それらのコモディティ化を促す。

　ちなみに，すでに多くのインストールド・ベース顧客を持つWindowsにとって，自らのユーザー・グループからのプラットフォーム製品選択の必然性が弱められてしまうことは，現状のドミナントの地位を危うくする原因となる。JavaやVMwareの介入階層自体がレイヤースタック内でのドミナントとなる可能性を有し，それまでWindowsが持っていたドミナントの地位を脅かす可能性を高めることとなった。

　この点について，Rohlfs（2001）は，マイクロソフト社の市場支配力の低下を，Java介入のケースで「もしアプリケーション・プログラムが主にJavaで書かれるようになるならば，マイクロソフト社もインテルもその市場支配の多くを失うことになるだろう。アプリケーション・ソフトの利用可能性に絡むバンドワゴンの便益を受けるために，それら2つの会社の製品をもはや購入する必要がなくなるからだ。利用者はJavaが動作するマイクロプロセッサとオペレーティング・システムであればどれを使おうと同じバンドワゴンの便益を受けることができるようになるからだ」と指摘している[1]。

　この点について，末松（2002）は「Javaはあらゆる OS の上で動作し，ネットワークに関係する機能を提供する。ここで重要なのは，あらゆる OS 上で機能する点で，システムは Windows でなくてもよいことになる。つまりプラットフォームとして強大な地位を築いてきた Windows を One of them にしてしまい，サン社自らがプラットフォームの地位を奪い取ろうという戦略であった。（後略）」と説明する[2]。

　また，Foley（2008）は，VMwareを含む仮想化ソフトの普及について，「マイクロソフト社のみならず，ソフトウェア市場のすべての企業に対して，事業の根本的な見直しを迫る可能性がある最大の激震の震源は仮想化である。（中略）仮想化はOSの選択が参入障壁になる場面も減らす。Windowsユーザーの中には，Windowsでなければ動作しないアプリケーションを使わなけれ

ばならないために，MacOSやLinuxに切り替えることを躊躇している人々がいるが，そういう懸念はなくなる」と説明している[3]。

◆仮説3－2：延命の助長

仮説3－2については，低く設定されたマルチホーミングコストのおかげで，特定のプラットフォーム製品の勝者総どり（WTA：Winner-Take-All）の傾向が抑制され，その隣接階層のプラットフォーム製品の延命を助長することが可能となる。具体的には，Javaの事例では，隣接階層（n，n＋2レベル）にある商用OSのSolarisの延命が助長され，VMwareの事例では，本来なら新バージョンに移行を余儀なくされる古いバージョンのOS上の業務用アプリケーションを，引き続き利用することを可能にする。それにより古いバージョンのOSの延命を図ることができるようになった。Windowsのようなドミナント・プラットフォーム製品が，繰り返し階層バンドルの施策を上位補完業者に対して行うと，プレイヤーの多様性の減少が起こり自然に独占状態に近付いていく傾向を持っている。JavaやVMwareには，この動きを阻止する働きがあった。

◆仮説3－3：包囲されにくい防衛策

仮説3－3については，Javaの事例では，下位階層に位置するWindowsからのプラットフォーム包囲，VMwareの事例では，上位階層に位置するWindowsのプラットフォーム包囲に対する防衛的役割を担っているといえる。言い換えれば，両プラットフォーム製品とも包囲困難な階層として存在し得る。

サン社にとってJavaの投入は，Windowsの台頭に対する防衛の意味があった。2005年5月のIDG News Serviceのインタビューの中で，スコット・マクニーリ（当時の会長兼CEO）は，Javaの恩恵を「もしも10年前にJavaがなかったら，サン社は今どうなっているだろうか」との問いかけに対し「すべてがWindowsになり，われわれは終わっているだろう。開発者がJava Webサービスを書いていないのなら，.NET向けにサービスを書いていることになり，

.NET向けに書くということは、Windows向けに書くことになる。Windows向けに書くのであれば、サン社の機器向けには書かないということだ」と説明している[4]。

◆仮説3－4：バンドルの分断

仮説3－4については、隣接対象に選定されたプラットフォーム製品は、介入により介入階層を挟んだ上下に隔てられる。例えば、Javaの事例の場合、Windowsとワード・エクセルならびにC#言語[5]によって開発された業務用アプリケーションのバンドル状態が、またVMwareの事例の場合、Windowsとインテル製チップの連合（ウィンテル連合）の関係が分断される。これにより、介入プラットフォーム製品が上下階層セットの垂直統合やバンドルを分断し、既存の隣接プラットフォーム製品間での収益モデルにダメージを与えることができる。また、競合プラットフォーム製品の収益力の弱体化と、自社プラットフォーム製品の収益力強化を目論むことが可能である。

Rohlfs（2001）は、この両者のバンドル状態に対するJavaの介入について、マイクロソフト社への影響を「マイクロソフト社は、Javaでアプリケーション・プログラムを書こうとするインセンティブを明らかに持っていない。（中略）ワード・エクセル・アクセスが産業標準であり、それだけで（マイクロソフト社は）大きなバンドワゴンを得ているのだから、（マイクロソフト社にとって）Javaを通じてオペレーティング・システムを相互連結させる可能性は非常に限定されるだろう」と説明している[6]。

Foley（2008）は、VMwareについて「（前略）仮想化に対するアプローチの中には（現在の収益の流れを寸断してしまうという意味で）危険なものがある。ユーザーは、仮想化によって比較的簡単に他の環境への切り替えを検討できるようになるのである。（中略）ハイパーバイザーは、直接ハードウェアの上でゲストを実行し、ホストOSを必要としない」と指摘する[7]。

◆仮説3－5と仮説3－6：普及と収益のトレードオフ

　仮説3－5と仮説3－6については，階層介入型プラットフォーム製品は普及と提供者の収益確保に関してトレードオフが発生する。Javaの事例では，補完業者とのコミットメントのゆえに，VMwareの事例では，Windowsによるバンドル攻撃のゆえに，プラットフォーム製品の拡大と収益の確保にジレンマが生じている。言い換えれば，普及を目指せば収益の確保は難しく，収益を確保しようとすると普及に支障が生じるという状態である。JavaもVMwareも，このジレンマを克服するため，サン社はレイヤースタック内の別階層に自社OSを有償で提供し，収益のためのプラットフォーム製品を提供している。一方，VMwareは，仮想化ソフトウェア製品以外に主となる収益プラットフォーム製品がレイヤースタック内には存在しない。よって，インストールド・ベース顧客を囲い込むため，買収によるハードウェア階層の垂直統合管理ツールの充実，プライベート・クラウドへの誘導など，レイヤースタック外での収益確保を進めている。

第2節　戦略の示唆

　先行研究レビューから得られた，後発プラットフォーム製品の仮説を補足する戦略上の知見として，仮説3－1，仮説3－2，仮説3－3，仮説3－4，仮説3－5，仮説3－6を提起し，隣接プラットフォーム製品のコモディティ化や延命，既存バンドル状態の分断や普及と収益のトレードオフについての知見を提示した。それぞれ仮説3－1は項目①から，仮説3－2は項目②から，仮説3－3，仮説3－4は項目③から，仮説3－5，仮説3－6は項目④から導出された。操作項目，効果や現象，それぞれの事例を結びつけた一覧にて整理すると次のようになる（表8－1）。事例から導かれた，本書の2つ目のエッセンスとでも言うべき成果のまとめである。

表8－1■両事例での戦略上の示唆

操作項目	両事例において現れる効果や現象で階層介入型PF製品特有のもの	Java	VMware
項目①：アクセス可能ユーザー数の増加（＝アクセス可能ユーザーの流動化）	隣接階層のPF製品のコモディティ化を誘発する。〈仮説3－1〉	隣接階層にあるWindowsを他の同一レベルPF製品の中の1つ（one of them）としてしまう。	隣接階層にあるWindowsを他の同一レベルPF製品の中の1つ（one of them）としてしまう。
項目②：マルチホーミングコストの低減	既存のレイヤースタック内での他のPF製品の延命を助長する。言い換えれば，一社独占の傾向を抑制し，隣接階層のPF製品の延命を助長する。〈仮説3－2〉	隣接階層の商用OSであるSolarisの延命。	隣接階層の古いバージョンのOSの延命。
項目③：隣接対象PF製品の多数選定（＝入れ子構造の創出）	階層介入型PF製品はそれ自体がPF包囲されにくい防衛的役割を担う。〈仮説3－3〉	Windows（下位階層）からの包囲の脅威に対する防衛的役割。	Windows（上位階層）からの包囲の脅威に対する防衛的役割。
	階層介入の場合は，オープンなインターフェイスを持つために，階層間の上下階層をセットにしたPF製品の垂直統合やバンドルを分断する。〈仮説3－4〉	WindowsとC#言語で開発された業務用アプリのバンドル状態の分断。	ウィンテル連合のバンドル状態の分断。
項目④：持続的収益確保モデルの遂行	階層介入型PF製品は普及と提供者の収益確保に関してトレードオフが発生する。〈仮説3－5，仮説3－6〉	Java自体の無償での提供。	VMwareESXiという無償版の普及に移行。

IMPLICATION

インプリケーション5　階層介入とプランニング

　本書で得られた階層介入戦略における「コモディティ化の誘発」「延命の助長」「包囲されにくい防衛策」「バンドルの分断」「普及と収益のトレードオフ」などの知見は，他分野で実際のプラットフォーム製品戦略での，隣接プラットフォーム製品との橋渡しや，プラットフォーム製品提供者との提携のプランニングにどのように活かすことができるだろうか。

　「コモディティ化の誘発」：競合のドミナントのプラットフォーム製品がすでに市場に存在する場合，そのドミナント状況を変えることが階層介入によって可能である。具体的には，介入によってユーザーの「ドミナントのプラットフォーム製品を選択する必然性」を弱め，そのドミナント・プラットフォーム製品を「多くの選択できるプラットフォーム製品の1つ」という位置付けにしてしまう。つまり階層介入のプラットフォーム製品の隣接プラットフォーム製品のコモディティ化を誘発することができる。

　「延命の助長」：階層介入は，ドミナントの競合に対してダメージを与えるだけではない。自社が提供するプラットフォーム製品がレイヤースタック内にすでに存在する場合，階層介入はその延命（生き残り）を助長する効果がある。前述の隣接プラットフォーム製品のコモディティ化は，言い換えれば「低い利益マージンで数多くのプラットフォーム製品が同一レベル階層上に存続できる」ということである。特に，競合のドミナント・プラットフォーム製品にシェアを脅かされている非ドミナント（＝ドミナントではない）のプラットフォーム製品の延命にとっては有効である。

　「包囲されにくい防衛策」：階層介入のプラットフォーム製品は，クロスプラットフォームとして，他のエコシステムのレイヤースタックと橋渡し状態となっている。そのため，階層介入型プラットフォーム製品自体は，隣接のプラットフォーム製品からは「包囲されて，駆逐されてしまわない」メリットがある。

　「バンドルの分断」：バンドルの分断は，競合プラットフォーム製品に大きなダメージを与える可能性がある。なぜなら，市場のプラットフォーム製品は，補完関係にある特定のプラットフォーム製品との抱き合わせ提供（バンドル）によって，利益ならびに高いマージンを得ている場合が多いからである。特に，既存のドミナント・プラットフォーム製品にとって，バンドルの分断は，築き上げた収

益モデルを破壊される大きな脅威であることは間違いない。

「普及と収益のトレードオフ」：階層介入の弱点とでも言うべきポイントである。ユーザーが高いマルチホーミングコストを受け入れない場合には，無償もしくは廉価に階層介入型プラットフォーム製品を提供せざるを得ない。そして，いったんは無償で提供したものを，後になって有償にすることは本書の事例で見る限り容易ではない。ただし，解決策が無いわけではない。

Q 戦略策定者として，実際に携わっている分野のプラットフォーム製品を拡販する。もしくは，ネットワーク効果をレバレッジしたビジネスを考案する担当者として，ここで紹介した階層を介入させることによる戦略上の効果や現象を，どのように自身の分野で活かすことが可能か考えてください。

●注
1　Rohlfs（2001），（邦訳）p.163参照。
2　末松（2002），p.68参照。
3　Foley（2008），（邦訳）p.308-309参照。
4　出所：http://www.itmedia.co.jp/enterprise/articles/0505/06/news023.html　2013/9/14閲覧
5　マイクロソフト社が2000年に提唱した，.NETのアプリケーションの開発に使用する言語。
6　Rohlfs（2001），（邦訳）p.163参照。
7　Foley（2008），（邦訳）p.310参照。

終　章

階層介入戦略の
新たな分野への知見

第1節　ビジネス機会とドミナント化

　これまで本書で主に取り上げたコンピュータ・ソフトウェア以外の分野でも，プラットフォーム製品提供者にとって，近年大きなビジネス機会が存在している。

　コネクテッド・カーの分野においては，トヨタや日産，GMやフォルクスワーゲンなどの長い歴史を持つ自動車メーカーに対し，グーグル，テスラモーターズ，アップルなどのシリコンバレーの新規参入組が「自動運転」の覇権をめぐって開発競争を仕掛けている。また，デンソー，ボッシュ，コンチネンタルなどのカメラなど精密部品分野でも，新たに日本電産，パナソニック，ソニーなどが関連企業の買収などを通じて新規参入してきている。加えて，ルネサンスエレクトロニクス，インフィニオン・テクノロジーズなどこれまで自動車の制御部品メーカーの分野であったところに，インテル，クアルコム，エヌビディアなどの半導体メーカーが参入してきている。

　ウェアラブル・コンピュータの分野においては，腕時計型のデバイスでは，アップルをはじめ，ソニー，サムソン電子，LG電子などが，メガネ型では，グーグル，ブラザー工業，モベリオなどが製品を提供している。また，ウェアラブルのOSでは，アップルの「iOS」，グーグルの「アンドロイドウェア」，サムスンの「タイゼン」など，腕時計型やメガネ型，それぞれのデバイスで，

OSを軸にした制覇争いも繰り広げられている。

　注目すべきは，これらコネクテッド・カー分野や，ウェアラブル分野において，ハードウェア，OS，アプリケーション，周辺機器などさまざまな関連分野の勢力のうち，どの勢力，ならびにプラットフォーム製品が，その分野におけるドミナント・プラットフォーム製品となるのかという点である。これまで本書で述べてきたとおり，ドミナント・プラットフォーム製品になれるか，それとも非ドミナント（ドミナントになれない）プラットフォーム製品で終わってしまうかによって，収益性はもとより，価格交渉力，業界内での発言力など，その後のビジネス展開に大きく影響する。ちょうど，マイクロソフト社とインテルがウィンテル連合として，PC分野においてドミナントの地位を確立し大きな影響力を行使してきた反面，その補完業者である筐体のメーカーや，アプリケーション・メーカーはコモディティ化にさらされマージンの圧迫に苦しんできた歴史が，これらの新たな分野で繰り返される可能性がある。

第2節　階層介入戦略の適用可能性

　今後，クラウドの普及による階層構造の変化や，新たなソフトウェア製品の出現などによって，既存の階層間関係やドミナント状況が変化する可能性がある。このことは，介入ソフトウェア製品を提供するプラットフォーム製品提供者にとって，大きなビジネス機会となる。本書のJavaやVMwareの事例の紹介の中で説明したことであるが，JavaもVMwareも，誕生当初からビジネス上の戦略的な活用を目的として開発されたわけではない。シリコンバレーのテクノロジー・カンパニーが偶然に生み出した革新的な技術を，経営的手腕を持つ経営幹部によって，競合戦略上のツール（道具）として活用することでビジネス機会につなげてきた歴史がある。今後も，JavaやVMwareに次ぐドミナントを目論む新たな介入ソフトウェア製品が出現する可能性が存在する。

　ここまで，プラットフォーム製品のドミナント化について考えてきたが，本当にこれらの要因が実際の介入階層のドミナント化とどの程度関係していたか

KEY WORD

キーワード24　ウェアラブル・コンピュータ

　ウェアラブル・コンピュータを直訳すれば，身に着けることが可能なコンピュータである。具体的には，服やカバン，腕時計のように身につけて利用するコンピュータのことである。腕時計のように普段身につけるものから，ヘッドマウントディスプレイのような頭部に装着するもの，衣類にコンピュータを統合したものなどさまざま。2015年4月に発表されたApple Watchは，アップルとしては初となる腕時計型デバイスとして注目を集めた。また，グーグルが，Project Glassという研究開発プロジェクトで開発している眼鏡型のものは，ハンズフリーでインターネットを使用することができる。OSはAndroidを使用。個人向け販売は中止し，大きな普及には至っていないが，他のメーカーも追随してこの分野に市場参入してきている。未だ途上にあるウェアラブル・コンピュータ市場ではあるが，今後は健康管理の機能などを統合し，幅広い活用が見込まれている。

については，本書で厳密に検証したわけではない。それについては今後の課題[1]となる。しかし，本書が示唆することは，決してアプリケーション階層とOS階層間，OS階層間とハードウェア（BIOS）階層間という特定の階層間でしか成立しない議論ではないと考える。例えば，ソフトウェア・レイヤースタック内のアプリケーション階層や，OS階層を含むストレージ階層，データベース階層，ネットワーク階層などの隣接階層間や，特に階層を形成する他のソフトウェア・レイヤースタック（例えばネットビジネス，スマートフォンなどの携帯型デバイス）の隣接階層間においても，このような介入階層の誕生や，ドミナント化が誘発される可能性が十分ある。

　ちなみに，SNS（ソーシャル・ネットワーク・サービス）／EC（イーコマース）／検索エンジンなどのウェブ上のサービスであるネットビジネス分野においては，3つの領域が垣根を超えた制覇争いを繰り広げてきている。SNS分野の世界規模の代表格としてFacebook，Twitterなどがある。一方，検索エンジンの分野では，老舗的存在となりつつあるグーグルやヤフー，ECの分野では，アマゾンやイーベイ，アリババ，楽天などがある。FacebookやTwitterは，閲覧ページ内で商品を購入できる機能を試験中であり，EC分野への進出

を目論んでいる。グーグルは，米国内ではコストコなどの小売業者と協業して，商品を即日配送するサービスを展開し，EC分野で先行しているアマゾンに対抗してきている。またアマゾンは，グーグルの既存の企業向け情報サービスに対抗してクラウド型の企業向けメールサービスを発表した。

　国内のスマートフォンのコンテンツ提供プラットフォーム製品の分野でも，変化が起きている。インターネットにあふれる無料の動画や音楽により，ユーザーのコンテンツにお金を払う意識が薄くなってきているため，これまでの音楽ソフト市場が年々縮小している。また，ゲーム市場では，市場規模は拡大しているものの，これまでの専用ハードが必要な家庭用ゲームからオンラインゲームに移行してきている。これらの状況のなかで，普及したスマートフォンにより，コンテンツのデリバリーや料金徴収においても，新たなビジネスモデルが生まれる可能性がある。スマートフォンのコンテンツ提供プラットフォーム製品として注目されているものに，LINEがある。LINEは，音楽分野ではソニー・ミュージックエンタテインメントやエイベックス・グループ・ホールディングスと提携，ゲーム分野ではgumiとの資本提携やグリーやサイバーエージェントと提携した。

　こういったネットビジネス分野やスマートフォン分野においては，プラットフォーム製品のそれぞれが持つ中核事業を他の領域に拡大することで，これまでの各領域で形成されたレイヤースタックをまたがるドミナント・プラットフォーム製品の誕生の可能性がある。加えて，ドミナントの地位を目論む後発の階層介入型プラットフォーム製品の出現により，既存プラットフォーム製品からのドミナントの移行による形勢の逆転や，さらなる寡占化の阻止が引き起こされる可能性も存在する。

　最後に，本書での分析により，JavaとVMwareは，両事例ともプラットフォーム製品の普及と収益の確保において，ジレンマを有していることが新たな知見の1つとして示唆された。階層介入型プラットフォーム製品の性質上の問題に関わる精緻な仮説の構築と検証を，新興の領域であるコネクテッド・カー，

ウェアラブル・コンピュータ，ネットビジネスやスマートフォンの領域においても探究していくことを今後の研究の方向性としたい。

IMPLICATION

インプリケーション6　IoT時代のプラットフォーム競争戦略

　いよいよ核心の部分，IoT時代のプラットフォーム競争戦略策定についてのインプリケーションとなった。IoT時代のプラットフォーム製品の戦略策定担当者の考慮すべき点は，どのようなことだろうか？　極めてシンプルに言えば，①自らがドミナントとなる，または，②自らがなれない場合は，他社をドミナントにならせないようにする，ということである。

　IoT時代はマクロ環境の変化とともに，これまでの勢力地図が塗り替わる可能性が高い。マクロ環境の変化として，需要側では，スマートフォン等の普及により，クラウドのビッグデータ処理による，ユーザーの属性と嗜好ならびに購買パターンの紐づけなど，プロアクティブ（事前対策的）な予測・予知・予防情報の提供がリアルタイムに行われる。これにより，潜在需要の喚起が，ますます促進される状況となる。例えば，家と仕事先に加えて，通勤中や出先などさまざまな場所で，データマイニング等で見つけ出された，その人向けの「おすすめ情報」がピンポイントで提供される。そこでは，ユーザーが感じる便益の微妙な違いが，提供されるプラットフォーム製品間のシェアの大きな差を生む可能性が高まる。

　供給側では，オンプレミス型でドミナント・プラットフォーム製品として君臨してきたプラットフォーム製品提供者も，階層構成の一部がクラウドというプラットフォーム製品に置き換わっていく過程のなかで，ドミナントの交代が起きてくる可能性が増す。

　現在，いくつかの有力なパブリック・クラウドやプライベート・クラウドにおけるドミナント・プラットフォーム製品予備群が形成されつつある。具体的には，パブリック・クラウドでは，アマゾン，マイクロソフト社，グーグルなど，プライベート・クラウドでは，IBM社，富士通，NECなどがある。

　顔ぶれは必ずしも，オンプレミス型時代のソフトウェア製品提供者だけではない。プラットフォーム製品が成す階層に組み込まれるこれらのクラウドが，業界や特定の分野単位で，そのままドミナント化する可能性は高い。当然，そこでは特定のクラウドに多数のユーザーがロックインされることで，隣接プラットフォーム製品のコモディティ化や，入れ子状態による包囲（プラットフォーム製品のコンバージェンス）というような状況も起こってくると想定できる。

戦略策定担当者は，現状の自社のプラットフォーム製品の市場での状況を鑑み，慎重に戦略を練らなければならない。なぜなら，本書でこれまで説明した隣接プラットフォーム製品との「相互接続」によるアクセス可能ユーザーの流動性が，優位性を強めたり弱めたりするためである。どのプラットフォーム製品と，どのような補完関係になるかによって，成否はその時点である程度決まってしまう。

　例えば，自社の提供するプラットフォーム製品が，比較的高いシェアを持っている場合，市場に競合のドミナント・プラットフォーム製品予備軍が存在するのか否かによって，とり得る戦略は変わってくる。予備軍が存在していないならば，自らが一番乗りのドミナントの地位になれる可能性がある。シェアの低い隣接プラットフォーム製品の多くを相互接続で支配下（入れ子状態）に置くことや，隣接階層に存在する高いシェアを持つ補完製品とバンドルすることなどが，そのための有効な手立ての1つになるだろう。一方，すでに予備軍が存在するならば，自社プラットフォーム製品はそれを凌駕し，形勢の逆転を目論むこととなる。1つには本書で説明した階層介入の手段が有効となる。

　また，シェアがそれほど高くない場合は，予備軍に駆逐されてしまわぬよう，これもまた本書で説明した，包囲に対する防衛策や，生き残りのための延命策を講じる必要がある。

　これらの点において，プラットフォーム製品提供者が，階層介入という手立てをとることができる可能性はどの程度あるのか重要である。仮に，階層介入型プラットフォーム製品を自らが提供できるならば，競合のバンドルを分断し，それまでのドミナントの移行や，隣接階層の自社プラットフォーム製品の生き残りを企てることも可能となる。

Q　パブリック・クラウドやプライベート・クラウドの状況は自身の業界でどのようになっているか，自社のプラットフォーム製品との関わりで，現在置かれている状況を分析してください。現在の状況から，自社の提供するプラットフォーム製品が，ドミナント・プラットフォーム製品になるには，どのような戦略が必要か，相互接続や階層介入の可能性を含めて，いくつかのシナリオを考えてください。

第3節　日本のソフトウェア産業とドミナント化の機会

　ソフトウェア産業ならびに，ネットワーク・コンピューティング業界においては，米国や欧州企業が，そのビジネスのイニシアティヴを占有している。日本は元来，半導体や自動車や電機などの「ものつくり」を強みとして国際市場の中でそのプレゼンスを示してきた。しかし，残念ながらソフトウェアやサービスの国際的市場では，アップル，マイクロソフト社，オラクル，SAP，グーグル，ヤフー，アマゾンなど外国勢の独断場である。例えば，マイクロソフト社をはじめ，オラクルやSAPのような業務用ソフトウェア，またアップルやグーグルなどのスマートフォン携帯端末に関連するソフトウェア，アマゾンのKindleなどの電子書籍の台頭がある。

　これに対し，日本のソフトウェア産業は，未だソフトウェア受託開発の労働集約型ビジネスの価格競争に汲々としている。また，日本発のイノベーションともてはやされたi-modeも，今ではガラパゴスと称される独自サービスの失敗例として扱われている現状である。本研究には，ソフトウェア・プラットフォーム製品戦略の探究が，日本のソフトウェア産業の国際的競争力を高め，グローバル規模のイノベーションを誘発できる戦略の策定，ならびに学術的貢献の一部を担うことができればとの思いがある。

　往々にして，なぜ日本では独創的なプラットフォーム製品を生み出すような起業家が育ちにくいのかが議論となる。ある人は，既存の「型にはめようとする教育」が，幼い頃から独創的なアイデアを発想する芽を摘んでしまっているせいだと説明する。またある人は，アイデア自体は生まれても，それをビジネスとして拡大していく組織の文化や風土が足りないのだと指摘する。確かに，独創的なアイデアは社会や組織に馴染めない天才によって生み出されることも多い。そういった，いわば組織に馴染めない社員を，切り捨てることなく雇い続けてくれる企業の寛容さも重要であろう。理由はともあれ，教育にしても文

化にしても短期間で変えられるものではない。であれば，シリコンバレーに「対抗して」日本で今から何かをいちから始めるよりは，シリコンバレーのシステムに乗って，そのメリットを享受することを考えたほうが現実的である。日本という国の境界を意識することなく，自らの能力を活かせると思える場所であればどこでも働く気構えで，もっと多くの人がシリコンバレーで創造的な仕事に携わり，起業に挑戦することこそ，独創性をもち国際的に通用するイノベーティブな製品を生み出す起業家を，創出するきっかけになるのではないだろうか。

　ガラパゴスと呼ばれた日本発のイノベーションが，世界市場では通用しなかったことからも明らかなように，日本でうまくいったものを世界に広めるという発想ではなく，はじめからグローバルな規模での展開を念頭に置いた設計思想（アーキテクチャ）を持ち，それを日本を含む世界に広めていくという考えで進めていかなければ，ドミナントの地位を得られるような技術開発やビジネス展開は，今後生まれてこないのではないかと考える。

　日本だけでなく，世界のトップレベルの研究者たちは，自分の研究で育んだシーズの事業化のために，資金面での心配をすることなく研究に打ち込めるため，シリコンバレーに磁石のように吸い寄せられている現実がある。2015年5月に設立された，ロボット開発の東京大学発ベンチャー「SCHAFT（シャフト）」も，グーグルに買収された。資金調達に苦しむ研究者にとって，評価され，資金を得て，研究の事業化に打ち込めるという環境ほど幸せなことはない。一部のマスコミは，日本の技術の米国への流出を嘆く声もあるが，そういったガラパゴス的な了見は，もはや捨てたほうが良い。高齢化低成長時代に入った日本で，内需だけを相手に事業を起こしてもたかが知れている。日本国内で事業化に向けて技術を育てる環境が得られないなら，世界中のどこでも，それを叶えてくれる場所で挑戦すれば良い。世界市場では，自分が日本出身であること，アジア人であることは関係ない。国籍や肌の色にとらわれず，結果を出せるかどうかである。教育もそういったグローバルな視点が必要である。特に，資金面での日本のVC等の事業化支援力のなさや，英語でのマネジメント力不

終章　階層介入戦略の新たな分野への知見　**187**

KEY WORD

キーワード25　ユニファイド・コミュニケーション

　電話や電子メール，インスタント・メッセージ，テレビ会議などのさまざまな通信手段を，1つのシステム上で統合して利用できるような技術やしくみのことを指す。これを使いこなすことで，仕事の生産性を高めることができる。
　最近，特に注目を集めているのが，テレプレゼンスという会議システム。会議室の真ん中に置かれた等身大の大画面に，社内の主要な拠点をIP網で結び，出席者が，あたかも同じ部屋で会議をしているような臨場感を得られるものから，PCの画面に内蔵された簡易カメラで対面のミーティングを行えるものまで，さまざまな種類がある。
　マイクロソフト社では，社内にユニファイド・コミュニケーションのシステムを積極的に導入している。従業員は，テレワークの回数を増やして，自動車の利用を減らし，出張の代わりに，Web会議を積極的に活用することで，年間$93,000,000の出張費削減に加えて，1億マイル以上にのぼる従業員の飛行機および車の利用を回避でき，17,000トンに相当するCO_2の排出を削減できたと評価している。

　足を，事業化がうまくできない口実にしているようでは，起業人としての土俵にすら上がれていない。
　シリコンバレーが，産学連携の成功事例であることは先に述べた。日本では，産官学連携という言葉が叫ばれて久しい。日本のソフトウェアを含むものつくり産業が，国際的な競争力を取り戻すためにも，いま一度，産（企業）の海外進出のための，官（国・自治体）によるシリコンバレーでの事業展開の先導役の強化。そして何よりも，学（大学・研究機関）の開かれた国際的人材の登用が望まれる。

●注
1　さらなる検討項目として，以下も考慮する必要がある。その1つとして，根来・加藤（2008）が指摘しているアクセス価値の考慮である（前述，**解説6**を参

照)。本書では，アクセス可能ユーザーの個々の価値（アクセス価値）が介入階層のドミナント化において影響するという理論を論じていない。つまり，1つのレイヤースタック内では，その中で価値の高いアクセス可能ユーザーの存在の有無にかかわらず，ドミナント階層が存在するという立場をとっている。しかし実際は，レイヤースタック同士を比較してみると，アクセス価値の高いユーザー数の多いほうが，プラットフォーム製品としての魅力がより高いという理由で，ドミナントの地位を築くことが現実にはある。例えば，ドミナントの中のドミナント的な存在や根来・加藤（2010）にて取り上げられているWTA：Winner-Take-Allのような状態がこれに該当する。また，レイヤースタック内での階層においては，1つのドミナント階層と多数の非ドミナント階層が混在し，非ドミナント階層はコモディティ化する階層となる視点で本書では論じている。しかし，ドミナント階層はレイヤースタック内に1つしか存在し得ないかについては，異論もあると思われる。例えば，トップドミナントとサブドミナントというような状態やドミナント移行過渡期がこれに該当する。このようにドミナント化の捉え方には，曖昧さが残る点もあり，今後の課題である。

キーワード25　ユニファイド・コミュニケーションの参考文献
参照URL　すべて　2015/8/11閲覧
http://download.microsoft.com/download/6/1/A/61AC1499-65CE-4D77-9493-E9FB2926859E/MSIT% 20UC% 20Business% 20Value% 20Case% 20Study.pdf

あとがき

　人との出会いがその後の人生を変えることがあるように，場所（エリア）との出会いによって人生が変わることもある。そもそも米国東海岸の文化や慣習に馴染めなかった非主流な人たちが，傍流としての挑戦の場を築いた場所が西海岸のシリコンバレーである。そこには一種の開き直りの逆転成功劇があると感じる。私は，シリコンバレーの代名詞とも言われるような企業のいくつかに身を置いたことで，そこに宿るDNAや文化に触れ，それまでの日本企業勤務で感じた窮屈な文化を打ち破る新潮流を身をもって感じた気がした。

　本書は，学術的な面と同時に，シリコンバレーに流れる傍流人の逆転スピリットの風も感じてもらいたいという思いが込められている。

　シリコンバレーの起業創出システムを日本にも持ち込もうと，多くの自治体や大学研究機関が，にわかバレー設立を試みた時期があった。しかし残念ながら，1つとしてシリコンバレーと比肩できる場所を日本に見つけることはできない。日本人は何でも自分たちで1から自前で整えようなどと考えず，もっと機能としてのシリコンバレーのシステムを使いこなす発想を持つべきだと思う。そうすれば，日本のスタートアップはもちろん，政府や地方自治体，企業は積極的にシリコンバレーのシステムを利用することで，資金調達の問題や市場参入のスピードなど多くのメリットを享受できると思う。

　最後に，根来龍之先生（早稲田大学）ならびに國領二郎先生（慶應義塾大学）のプラットフォーム戦略とビジネスモデルの重鎮の両先生方には，本書のベースとなった博士論文作成の際，貴重なご助言をいただいた。深く感謝し，お礼申し上げたい。また，中央経済社の浜田匡さんには本書の完成にお力を貸していただいた。加えて，妻や家族，これまでさまざまな局面で支えてくれた親しい方々に心より感謝したいと思います。

［※本書は，名古屋産業大学環境情報ビジネス学会の出版助成を受けて刊行されたものである。］

参考文献

［1］ Baldwin, C. Y. and Clark, K. B.（1997）Managing in an Age of Modularity, *Harvard Business Review*, Vol.75 No.5, pp.84-93.
［2］ Baldwin, C. Y. and Clark, K. B.（2000）*Design Rules, Vol.1: The Power of Modularity*, Cambridge, MA: MIT Press.（安藤晴彦訳『デザイン・ルール モジュール化パワー』東洋経済新報社，2004年）
［3］ Cusumano, M. A.（2004）*The Business of Software*, New York, NY: Free Press.（サイコム・インターナショナル監訳『ソフトウェア企業の競争戦略』ダイヤモンド社）
［4］ DiBona, C., Ockman, S. and Stone, M.（1999）Introduction, *Open Sources: Voices from the Open Source Revolution*, Sebastopol, CA: O'Reilly.
［5］ Eisenmann, T.（2007）Winner-Take-All in Networked Markets, *Harvard Business School*, Note. 9-806-131.
［6］ Eisenmann, T., Parker, G. and Alstyne, M. W. V.（2006）Strategies for Two-Sided Markets, *Harvard Business Review*, Vol.84, No.10, pp.92-101.（「ツー・サイド・プラットフォーム戦略」『Diamondハーバード・ビジネス・レビュー』ダイヤモンド社，2007年6月，68-81ページ）
［7］ Eisenmann, T., Parker, G.and Alstyne, M. W. V.（2007）Platform Envelopment, *Harvard Business School Working Paper*, No.07-104.
［8］ Evans, D. S., Hagiu, A. and Schmalensee, R.（2008）*Invisible Engines*, Cambridge, MA: MIT Press.
［9］ Foley, M. J.（2008）*Microsoft 2.0: How Microsoft plans to Stay Relevant in the Post-Gates Era*, Indianapolis, IN: John Wiley & Sons.（長尾高弘訳『マイクロソフト　ビル・ゲイツ不在の次の10年』翔泳社）
［10］ Gawer, A. and Cusumano, M. A.（2002）*Platform Leadership*, Boston, MA: Harvard Business School Press.（小林敏男監訳『プラットフォーム・リーダーシップ』有斐閣，2005年）
［11］ Hagiu, A.（2006a）How Software Platforms Revolutionize Business, *Harvard Business School Working Knowledge*,〈http://hbswk.hbs.edu/item/5482.html〉　2012/11/05閲覧
［12］ Hagiu, A.（2006b）Multi-Sided Platforms: From Microfoundations to Design and Expansion Strategies, *Harvard Business School Working Paper*, No.09-115.〈http://www.people.hbs.edu/ahagiu/TSP_microfoundations_and_strategies_01062007.pdf〉　2007/05/01閲覧

- [13] Hagiu, A. (2006c) New Research Explores Multi-Sided Markets, *Harvard Business School Working Knowledge*, 〈http://hbswk.hbs.edu/item/5237.html〉 2007/05/01閲覧
- [14] Katz, M. L. and Shapiro, C. (1985) Network Externalities, Competition, and Compatibility, *American Economic Review*, Vol.75, No.3, pp.424-440.
- [15] Katz, M. L. and Shapiro, C. (1986) Technology Adoption in the Presence of Network Externalities, *The Journal of Political Economy*, Vol.94, No.4, pp.822-841.
- [16] Kato, K. and Negoro, T. (2007) A Theoretical Review of Network Effects on Platform Products, THE INTERNATIONAL SOCIETY FOR THE SYSTEMS SCIENCES, 〈http://journals.isss.org/index.php/proceedings51st/article/view/595〉 2013/09/16閲覧
- [17] O'Reilly, T. (1999) Hardware, Software, and Infoware, *Open Sources: Voices from the Open Source Revolution*, Sebastopol, CA: O'Reilly.
- [18] Perens, B. (1999) The Open Source Definition, *Open Sources: Voices from the Open Source Revolution*, Sebastopol, CA: O'Reilly.
- [19] Raymond, E. S. (1999) The Revenge of the Hackers, *Open Sources: Voices from the Open Source Revolution, Sebastopol*, CA: O'Reilly.
- [20] Rochet, J. and Tirole,T. (2003) Platform Competition in Two-Sides Markets, *Journal of the European Economic Association*, Vol.1, pp.990-1029.
- [21] Rohlfs, J. H. (2001) *Bandwagon Effects in High-Technology Industries*, Cambridge, MA: The MIT Press. (佐々木勉訳『バンドワゴンに乗る―ハイテク産業成功の理論』NTT出版, 2005年)
- [22] Shapiro, C. and Varian, H. R. (1999) *Information Rules*, Boston, MA: Harvard Business School Press. (千本倖生監訳『ネットワーク経済の法則』IDGジャパン)
- [23] Torvalds, L. (1999) The Linux Edge, *Open Sources: Voices from the Open Source Revolution*, Sebastopol, CA: O'Reilly.
- [24] VMware, Inc. (2008) Form 10-K, February29, 2008, Annual Report.〈http://ir.vmware.com/annuals.cfm〉 2012/11/05閲覧
- [25] Yoffie, D., Hagiu, A. and Slind, M. (2009) VMware, Inc., 2008, *Harvard Business School*, Case. 9-790-435.
- [26] Young, R. (1999) Giving It Away: How Red Hat Software Stumbled Across a New Economic Model and Helped Improve an Industry, *Open Sources: Voices from the Open Source Revolution*, Sebastopol, CA: O'Reilly.
- [27] 青木昌彦・安藤晴彦 (2006)『モジュール化―新しい産業アーキテクチャの本質』東洋経済新報社.

[28] 今井賢一・國領二郎（1994）『プラットフォーム・ビジネス』情報通信総合研究所。

[29] 岩山知三郎（2001）『ネットワークをコンピュータにした人々―ビル・ジョイの冒険』コンピュータ・エージ社。

[30] M.イアンシティ・R.レビーン（2007）（杉本幸太郎訳）『キーストーン戦略』翔泳社。

[31] 加藤和彦（2006）「コンピュータOSのネットワーク外部性に関する考察―1980年代後半のUnix標準化の2大陣営対立の事例を通じて―」『商経論集』第91号，pp.13-24。

[32] 加藤和彦（2008）「プラットフォーム戦略論における「包囲の危機」のフレームワークに関する適用可能性の一考察」『商学研究科紀要』第66号，早稲田大学大学院商学研究科，pp.63-75。

[33] 加藤和彦（2009a）「コンピュータ・ソフトウェアのプラットフォーム戦略における階層間施策の考察」組織学会全国大会発表予稿集，pp.123-126。

[34] 加藤和彦（2009b）「コンピュータ・ソフトウェアの階層化の時系列整理と考察」『商経論集』第96号，pp.1-13。

[35] 加藤和彦（2009c）「コンピュータ・ソフトウェアにおけるプラットフォーム階層間施策の考察」『商学研究科紀要』第68号 早稲田大学大学院商学研究科，pp.43-55。

[36] 加藤和彦（2009d）「階層構造をもつコンピュータ・ソフトウェアにおけるプラットフォーム戦略としての階層介入施策の考察」『日本経営学会誌』第23号，千倉書房，pp.75-86。

[37] 加藤和彦（2010）「コンピュータ・ソフトウェアのクロスプラットフォーム製品における競生の考察」，経営情報学会全国大会。

[38] 加藤和彦（2011）「スタートアップ期のコンピュータ・ソフトウェア企業におけるクロスプラットフォーム製品戦略の考察」日本経営学会第85回全国大会報告要旨集，pp.348-352。

[39] 加藤和彦（2012a）「コンピュータ・ソフトウェアの階層戦術の考察」早稲田大学IT戦略研究所，WP No.47，pp.1-26。

[40] 加藤和彦（2012b）「コンピュータ・ソフトウェアの階層戦術の考察―VMwareの仮想化ソフトの事例を通じて―」経営情報学会全国研究発表大会。

[41] 加藤和彦（2013a）「コンピュータ・ソフトウェアの階層介入戦略におけるドミナント化の演繹的仮説の構築」，経営システム学会全国大会発表予稿集，pp.122-125。

[42] 加藤和彦（2013b）「コンピュータ・ソフトウェアの階層介入戦略の先行研究レビュと課題の考察」，経営情報学会全国大会。

[43] 加藤和彦（2013c）「コンピュータ・ソフトウェアのプラットフォーム戦略論

における課題と発展」，日本経営学会全国大会発表予稿集，pp.97-100。

[44] 加藤和彦（2013d）「コンピュータ・ソフトウェアの階層介入戦略の考察」『日本経営学会誌』第32号，千倉書房，pp.19-29。

[45] 加藤和彦（2014）『コンピュータ・ソフトウェアにおける階層介入戦略の研究——JavaとVMwareを通じた仮説的推論——』早稲田大学博士学位申請論文。

[46] M.C.ケリー・W.アスプレイ（2006）（山本菊男訳）『コンピューター200年史』海文堂。

[47] 國領二郎（1995）『オープン・ネットワーク経営』日本経済新聞社。

[48] 國領二郎（1997）「プラットフォーム・ビジネスの構造」『DIAMONDハーバード・ビジネス・レビュー』1997年11月号，pp.34-41。

[49] 國領二郎（1999）『オープン・アーキテクチャ戦略』ダイヤモンド社。

[50] K.サウスウイック（2000）（山崎理仁訳）『世界ハイテク企業の痛快マネジメント　サン・マイクロシステムズ』早川書房。

[51] 佐々木裕一・北山聡（2000）『Linuxはいかにしてビジネスになったか』，NTT出版。

[52] A.シュエン（2008）（上原裕美子訳）『Web2.0ストラテジー——ウェブがビジネスにもたらす意味』オライリー・ジャパン。

[53] 末松千尋（2002）『京様式経営——モジュール化戦略』日本経済新聞社。

[54] 末松千尋（2004）『オープンソースと次世代IT戦略』日本経済新聞社。

[55] 末松千尋・K.ベネット（1996）『Java革命』ダイヤモンド社。

[56] 竹田陽子・國領二郎（1996）「情報技術が企業間関係に与える影響に関する試論」『慶應経営論集』，Vol.13，No.2，pp.169-183。

[57] 出口弘（1996）「自律分散型組織の戦略的設計」『DIAMONDハーバード・ビジネス・レビュー』，pp.44-53。

[58] 出口弘（2005）「プラットフォーム財のロックインと技術革新」『経済論叢』Vol.175，No.3，pp.18-44。

[59] 根来龍之・足代訓史（2011）「経営学におけるプラットフォーム論の系譜と今後の展望」早稲田大学IT戦略研究所WP，No.39，pp.1-24。

[60] 根来龍之・加藤和彦（2006a）「クスマノ＆ガワーのプラットフォーム・リーダーシップ「4つのレバー」論の批判的発展」早稲田大学IT戦略研究所WP，No.18，pp.1-41。

[61] 根来龍之・加藤和彦（2006b）「クスマノ＆ガワーのプラットフォーム・リーダーシップ「4つのレバー」論の批判的発展」経営情報学会・オフィスオートメーション学会合同全国研究大会予稿集，pp.570-573。

[62] 根来龍之・加藤和彦（2008）「プラットフォーム製品における「ネットワーク効果」概念の再検討」『国際CIOジャーナル』Vol.2，pp.5-12。

[63] 根来龍之・加藤和彦（2009）「プラットフォーム間競争の技術「非」決定論」，

経営情報学会全国大会。

[64] 根来龍之・加藤和彦（2010）「プラットフォーム間競争における技術『非』決定論のモデル」『早稲田国際経営研究』第41号，pp.79-94。
[65] 根来龍之・木村誠（1999）『ネットビジネスの戦略』日科技連出版社。
[66] 根本英幸・松岡功（1992）『巨人IBMに挑むサン・マイクロシステムズの戦略』にっかん書房。
[67] A.ハジウ（2006）「マルチサイド・ソフトウェア・プラットフォーム」『日本のイノベーション・システム』東京大学出版会。
[68] 長谷川裕行（2000）『ソフトウェアの20世紀』翔泳社。
[69] M.ホール・J.バリー（1991）（アスキー書籍編集部監訳）『UNIXワークステーションを創った男たちサン・マイクロシステムズ』アスキー出版局。
[70] 松下芳生・臼井淳（1998）『機心なきサン・マイクロシステムズの挑戦』コンピュータ・エージ社。
[71] 山田博栄（2000）「ネットワーク言語Javaの思想と日米の差」『デファクト・スタンダードの本質』有斐閣。
[72] 山根節（2001）『エンタテイメント発想の経営学』ダイヤモンド社。
[73] 渡邉利和・川添貴生（2012）『仮想化するインフラを構築する技術』インプレスジャパン。

索　引

■英　数

.NET	172
2面性	72
100% Pure Java	89, 97, 109
ABI	29
ActiveX	107
ADAS	99
Android	19, 79
Apache	39
API	29, 69, 91
BIOS	136, 149, 154
COBOL	9, 16
CORBA	91
C言語	99
EC	ii, 181
EDSAC	13
EDVAC	13
ENIAC	12
Facebook	69, 181
Flash Player	79
FORTRAN	9, 15
Hyper-V	140, 142, 144
i-mode	2, 185
iOS	19, 80
IoT	VI, 87
iPhone	79
IPO	119, 132, 145
ISV	92, 112
iTunes	79
Java EE	102
Java ME	102
Java SE	101
Javaアプリケーション	86
Javaアプレット	86, 90, 117, 124
Java仮想マシン（JVM）	87, 89, 90, 100, 109, 112, 124
Javaサーブレット	117
JCP	102, 123
Jini	87, 98
JSR	102
LINE	182
Linux	17, 39
M&A	119
MySpace	69
MySQL	39
OAK	94, 97
OS/360	9, 18
PHP	39
SIer	92
SNS	ii, 69, 181
Symbian	79
System/360	VI, 21, 86
VC	118
WORA	VI, 85, 95, 111
WTA	36, 172
x86	86, 128, 130, 145

■あ　行

アーリーアダプター	51
アクセス価値	VI, 155
アクセス可能ユーザー	VI, 53, 55, 76, 120, 148
アセンブリ言語	9, 14, 21
アントレプレナーシップ	118
一方向的依存	28
意図せざる結果	VI, 110, 126
イノベーター	51

入れ子 ················· 46, 48, 70, 183
因果ループ ···························· 42
インストールド・ベース（顧客）···· 144, 171, 174
インターフェイス ········ 5, 29, 66, 81, 122
ウィンテル連合 ················ 173, 180
ウェアラブル・コンピュータ ····· VI, 181
エコシステム ············· VI, 56, 83, 117
演繹 ···································· 61
エンジェル（個人投資家）············ 119
延命 ···················· 6, 79, 172, 176
オークションサイト ····················· ii
オーバーヘッド ··················· 135, 138
オープン ···· VI, 49, 66, 75, 80, 85, 92, 105, 122
オープン・アーキテクチャ ········· VI, 37
オープンソース（OSS）········· VI, 35, 39
オブジェクト指向 ················· 88, 99
オンプレミス型 ······················· 141
オンラインゲーム ······················· ii

■か 行

ガーベジ・コレクション ············· 100
階層化 ··························· VI, 30
仮説的推論 ···················· VI, 4, 61
ガラパゴス ····················· 2, 185
機械語 ···························· 14, 21
帰納 ···································· 61
基盤機能 ························ 10, 25
業務支援ロボット ······················ ii
クラウド・コンピューティング ··· VI, 141
クラウドソーシング ···················· ii
クラウドファンディング ················ ii
クリティカルマス ············ VI, 51, 54
クレジットカード ······················· ii
クロスプラットフォーム（化）···· VI, 69, 86, 89, 117
クローズド ··········· VI, 49, 80, 105, 111

検索エンジン ··························· ii
高級言語 ·························· 9, 15, 21
後発優位 ··························· VI, 39
コネクテッド・カー ············ VI, 99, 179
コミュニティ ················ 36, 103, 133
コモディティ（化）········ VI, 76, 79, 170, 180, 183

■さ 行

サーバー仮想化 ···· VI, 131, 134, 137, 139
サイド内・サイド間ネットワーク 効果 ··························· VI, 75
市場支配力 ························· 2, 63
自動運転 ···························· 179
死の谷 ······························· 133
収益モデル ···· VI, 7, 56, 62, 149, 170, 176
収穫逓減 ·································· 72
収穫逓増 ·································· 72
ショッピング・モール ··············· 72
シリコンバレー ····· VI, 118, 131, 133, 186
垂直統合 ·················· 7, 76, 170, 173
スイッチングコスト ·················· 51
スタートアップ ···················· VI, 133
スノッブ効果 ···················· 43, 127
スマートアグリ ························ ii
セキュリティホール ················· 109
選択必然性 ··················· 76, 80, 171
先発優位 ··························· VI, 39
相互依存性 ··························· 27

■た 行

ダーウィンの海 ······················· 133
チキン・エッグ問題 ············· VI, 43
抽象化 ···························· 27, 29
ツーサイド・プラットフォーム ······· VI, 57, 72
デファクト・スタンダード ············ 37
テレプレゼンス ······················ 187

テレマティクス ································ 99
電子書籍 ·· ii
電子マネー ····································· ii
ドミナント（化）········ VI, 3, 5, 59, 63, 65,
　　　　　　　　　　　　79, 169, 180, 186
トレードオフ ················· 7, 170, 174, 177
ドローン ·· ii

■な　行

ネットワーク・コンピューティング ···· i,
　　　　　　　　　　　　　　　　　1, 185

■は　行

ハイパーバイザー ········ 86, 128, 132, 138,
　　　　　　　　　　　　141, 145, 147, 149
ハイブリッド・クラウド ················ 139
パブリック・クラウド ··················· 139
バリューチェーン ··························· 72
ハンズオン支援 ···························· 119
バンドル ········· 7, 36, 70, 74, 170, 173, 176
バンドワゴン ······················ 36, 120, 127
非対称依存特性 ······························ 27

ビデオゲーム ·································· ii
プライベート・クラウド ··············· 139
プラットフォーム包囲 ······ VI, 36, 48, 51,
　　　　　　　　　　　　　　　　70, 145
プラットフォーム・リーダーシップ
　　······································· VI, 37
フリーミアム ································· 57
プログラミング言語 ············· 9, 14, 99
プログラム内蔵型コンピュータ ········ 13
プロプライエタリ ··························· 49
ポイントカード ································ ii
防衛的役割 ····························· 7, 170, 172
ポータブルゲーム ···························· ii

■ま　行

マッチングサイト ···························· ii
マルチホーミングコスト ······· VI, 55, 121,
　　　　　　　　　　　　　　　148, 154
メインフレーム ············· 19, 22, 130, 137
メディア機能 ··························· 10, 25
モジュール化 ································· 29
ものつくり ···························· 2, 19, 185

●著者紹介

加藤　和彦（かとう　かずひこ）
博士（商学）早稲田大学
MA in International Studies（University of Sydney）
MBA（BOND University）

　1987年，通信の自由化によって誕生したベンチャー企業のDDI（現在のKDDI）に入社。在豪現地法人のシニアマネージャーを経て，米国シリコンバレー系ITベンチャー企業であるサン・マイクロシステムズでサーバーの競合戦略，シスコシステムズでIPベースの新規ソリューションの日本市場導入など，世界的IT企業の日本法人で役職を歴任。中京地区の医工連携・産学官連携のコーディネイトに従事の後，2016年より名古屋商科大学大学院（The NUCB Graduate School）マネジメント研究科 教授。

　専門は「経営戦略」「経営情報論」「国際経営戦略」「ベンチャービジネス論」等。IT企業のプラットフォーム競争戦略や産学官連携のベンチャー育成に関する講演・論文等多数。また研究成果の実務分野へのフィードバックとして東海地区の企業に新規事業のビジネスモデル構築や事業化支援を通じ助言を行っている。

IoT時代のプラットフォーム競争戦略
■ネットワーク効果のレバレッジ

2016年2月10日　第1版第1刷発行
2023年11月20日　第1版第6刷発行

著　者　加　藤　和　彦
発行者　山　本　　　継
発行所　㈱中央経済社
発売元　㈱中央経済グループ
　　　　パブリッシング

〒101-0051　東京都千代田区神田神保町1-35
電　話　03(3293)3371（編集代表）
　　　　03(3293)3381（営業代表）
https://www.chuokeizai.co.jp
印　刷／㈱堀内印刷所
製　本／誠製本㈱

© 2016
Printed in Japan

※頁の「欠落」や「順序違い」などがありましたらお取り替えいたしますので発売元までご送付ください。（送料小社負担）

ISBN978-4-502-17471-1　C3034

JCOPY〈出版者著作権管理機構委託出版物〉本書を無断で複写複製（コピー）することは，著作権法上の例外を除き，禁じられています。本書をコピーされる場合は事前に出版者著作権管理機構（JCOPY）の許諾を受けてください。
JCOPY〈https://www.jcopy.or.jp　eメール：info@jcopy.or.jp〉